für die Schönheit
für die Küche
für die Hausapotheke

Ingrid Rosa Schindler

rosen

FONA

Zweite Auflage 2010

www. fona.ch

Verantwortlich für das Lektorat
Léonie Schmid
Gestaltung Cover (Reihencharakter)
Dora Eichenberger-Hirter, Birrwil
Gestaltung Inhalt
Petra Niederberger, FonaGrafik
Lithos
FonaGrafik
Druck
Druckerei Uhl, Radolfzell

ISBN 978-3-03780-347-9

Hinweis
Auf unserer Website (www.fona.ch) finden Sie Adressen von sehenswerten Rosengärten, Rosenfesten und Anbietern von Pflanzen, Rosenaccessoires sowie Rosenprodukten.

Bildnachweis
Bilder Umschlag
Armin Zogbaum, Zürich
Foodbilder
Armin Zogbaum, Zürich;
Lotti Bebie (Seiten 79, 93, 97, 101, 105, 111)
Kapiteleinstiege und Hauptitel
Kingsize Photo-Service
Beat Ernst, Basel (Seiten 61, 115)
Fotos in der Warenkunde
Rosenschule Ruf, Bad Nauheim-Steinfurth
Milly Weyermann, Basel (8, 9)
Kartause Ittingen, Warth (10, 11, 15, 25 Hagenbuttenblüten, 33)
Armin Zogbaum (Seiten 12 rechts, 29)
Ingrid Schindler, St. Gallen (Seite 12 rechts)
Richard Huber AG Rosenkulturen, Dottikon (Seiten 23 Bild 8, 10, 13; 24 Bild 16, 17, 19, 20; 25 Bild 22, 24, 25, 26)
Lotti Bebie, Zürich (Seite 26)

inhaltsverzeichnis

Menge
Wo nicht anders vermerkt, sind die Rezepte für 4 Personen berechnet.

Abkürzungen
EL = gestrichener Esslöffel, TL = gestrichener Teelöffel, dl = Deziliter, ml = Milliliter, l = Liter, Msp = Messerspitze

vorwort

Liebe Leserin, lieber Leser

Rosen sind in der Welt der Sinne allgegenwärtig. Wir haben sie täglich in der Nase – über 90 Prozent der femininen und fast jeder zweite der maskulinen Düfte enthalten Rosenöl. Rosen sind das Lieblingsmotiv von Künstlern und Designern. Von Alltagsgegenständen bis zu Kunstobjekten treffen wir sie allerorten. Wir hören von Rosen in Schlagern, Volksliedern, Opernarien, in Gedichten, Romanen ... Wir begegnen ihnen in der Heilkunde und Kosmetik. Was ist mit der Küche? Hier hat der vielzitierte Goethe einmal nicht recht, wenn er die Behauptung aufstellt: «Über Rosen lässt sich dichten, in die Äpfel muss man beißen.» – Im Gegenteil: Die Liebe geht durch den Magen, und dazu ist nichts besser geeignet als die Blume der Liebe!

Dieses Buch widmet sich gerade dieser vernachlässigten, fast in Vergessenheit geratenen Seite der Rose – der kulinarischen. Kaum jemand weiß noch, dass die Hagebutten, die Früchte der Rosen, zu den gesündesten Nahrungsmitteln überhaupt zählen. Leibliche Rosengenüsse waren einst auf der ganzen Welt verbreitet: im alten China, im Orient, in den Hochkulturen rund ums östliche Mittelmeer und später auch jenseits der Alpen. Kochen mit Rosen ist längst nicht so abwegig, wie man denken möchte. Natürlich sind die heutigen Floristenrosen nicht die geeignete Quelle für kulinarische Exzesse, sondern Blüten und Früchte aus dem eigenen Garten oder veredelte Produkte wie Rosenwasser, Rosenöl, Rosensirup, Rosenlikör, Hagebuttenmark ... Wir laden Sie ein, sich mit den Geschmackswelten und Dimensionen der Duft- und Vitaminrosen wieder vertraut zu machen, damit das wunderbare alte Wissen für unsere Zeit nicht verloren geht.

Ingrid Rosa Schindler

einführung

Einführung

ursprung

«Alfred de Dalmas» stammt aus dem Jahr 1855.

Niemand weiß genau, wann und wo es die ersten Rosen gab. Paläobiologen nehmen an, dass seit 25 Millionen Jahren Rosen auf der Erde vorkommen; ein eindeutiger Beweis, eine versteinerte Blüte, steht aber noch aus. Nicht von der Hand zu weisen ist jedenfalls, dass es sich bei den Rosen um eine der ältesten Wild- und Kulturpflanzen handelt. Ob sie zuerst in Mesopotamien, Persien oder China kultiviert wurden, bleibt dahingestellt. Sicher ist, dass die Gartenkultur im China des 3. Jahrtausends v. Chr. schon hoch entwickelt war. Es ist durchaus denkbar, dass dort die Wiege der Rosenzucht ist. In der chinesischen Zhou-Ära (12. bis 3. Jahrhundert v. Chr.) sollen jedenfalls bereits zahlreiche Schriften über die Rose verfasst worden sein, und allein Konfuzius hat angeblich über 600 Abhandlungen über die Rose besessen.

nutzpflanze

«Maréchal Niel» stammt aus dem Jahr 1864.

Als älteste Abbildung einer Rose gilt das Fresko mit dem blauen Vogel im Palast von Knossos auf Kreta, das auf etwa 1500 v. Chr. datiert wird. Die Reise von Ost nach West hat die Rose auf den damaligen großen Handelswegen angetreten, auf der Seidenstrasse, den Routen der arabischen Händler und schließlich auf den Seewegen. Im hellenistischen Griechenland fand die Rose wie auch bereits in Persien nicht nur Anwendung in der Gartenkunst, sondern vor allem in der Heilkunde, in der Küche und auch in der Schönheitspflege. Homer beschrieb in der Ilias eine zu jener Zeit übliche Behandlung von Toten: sie wurden mit Rosenöl einbalsamiert. In erster Linie war die Königin der Blumen, wie sie vom Poeten Anakreon und der Dichterin Sappho besungen wird, eine Nutzpflanze, die einer ganzen Reihe antiker Götter und Göttinnen, vornehmlich in Liebesdingen bewandert, zugeordnet wurde: Isis, Venus, Aphrodite, Bacchus, Flora, Cupido, Zephir, aber auch Mohammed, der Jungfrau Maria oder dem indischen Gott Wischnu. Im hohen Norden sind es Wotan/Odin und Freya/Frigga, welche die Rose ziert. Der Rosenstrauch wurde in Anlehnung an Wotans Gattin auch Friggdorn genannt. Die Früchte der wilden Rose waren auch im Norden längst als Nahrungsmittel bekannt. Den Nachweis hat der Fund einer 4000 Jahre alten weiblichen Moorleiche im britischen Essex erbracht, in deren Magen man Hagebutten fand.

Apropos Küche: Nirgends hat man schon in frühester Zeit die Rose so sehr als Geschmacksveredler geschätzt wie im Orient. Rosenwein, süße Mandelpasten mit Rosenwasser (später: Marzipan), in Rosenwasser getränkte, kandierte Geleefrüchte, Rosenblattkonfitüren, Rosengebäck, Rosenessig, in Rosenblätter gehülltes Federvieh und Lamm, all das und vieles mehr ist dem Raffinement der Köche aus Tausendundeiner Nacht entsprungen.

kultpflanze I

Im alten Rom nahm die Verwendung von Rosen höchst verschwenderische Züge an. So wusste Plinius der Ältere 77 v. Chr. in seinen Schriften von sage und schreibe 32 Krankheiten zu berichten, die mit Hilfe der Rose geheilt werden können. Aus allen Teilen der Pflanze – Wurzeln, Blätter, Blüten und Früchte – haben antike Ärzte und später auch heilkundige Mönche Tinkturen, Salben, Säfte, Sirup, Honig und vor allem das hochgeschätzte Aqua Rosarum (Rosenwasser) hergestellt. Auch bei festlichen Anlässen durften die Blumen der Liebe nicht fehlen. So soll Nero für seine Feste Tonnen von Rosenblüten herbeigeschafft haben, damit er und seine Gäste auf Rosen-Teppichen wandeln konnten. Einmal soll er sogar das Ufer eines Sees flächendeckend mit Rosen bestreuen haben lassen. Selbstredend, dass es bei Siegerehrungen Tausende von Rosen auf die Preisgekrönten niederregnete. Dass nun Kleopatra ihren geliebten Antonius auf einem Bett aus Rosenblüten verführte, war nichts Außergewöhnliches. Zu einem solch probaten Mittel griffen vornehme Damen ebenso wie Liebesdienerinnen, was sich in Strassennamen bis in unsere

Zeit erhalten hat: Rosengasse, Rosenhof oder Rosenstraße hießen nicht selten verruchte Gegenden, die man heute nüchtern Rotlichtbezirk nennt. Der Rosenkult uferte im alten Rom dermaßen aus, dass die großen Anbauflächen um Palestrina bei Rom und Paestum bei Neapel nicht mehr ausreichten und man per Schiff Rosen aus Ägypten einführen musste. Bis heute weiß man nicht, wie die leicht verderbliche Fracht den Transport von Alexandria nach Rom unbeschadet überstehen konnte. Erst mit dem Niedergang des Römischen Weltreichs verblasste der Ruhm der Rose.

Die Kartause Ittingen ist berühmt für ihren Klostergarten. Historische Rosen wie Louise Odier, Mme Pierre Oger oder Felicité Parmentier (Seite 10) sind ebenso vertreten wie verschiedenste Moschata-Hybriden (links), ein Rosenbogen mit Old Blush und kleine Beete mit Hermosa und Souvenir de la Malmaison (Mitte) und die Hängerose Venusta Pendula (rechts).

heilpflanze

Den Römern ist es zu verdanken, dass die wenigen damals existierenden Kulturrosen in die Provinzen und Protektorate nördlich der Alpen gelangten. Auf eine gleiche heftige Leidenschaft stießen sie dort aber nicht. Das hing bestimmt damit zusammen, dass sich die frühen Christen angesichts der römischen Exzesse von der Rose abwandten. Für sie symbolisierte sie nicht nur Liebe und Schönheit, sondern auch Laster, Sünde und Vergänglichkeit. Kaiser Karl dem Großen lag es am Herzen, die Rose in kaiserlichen und klösterlichen Küchen- und Apothekergärten als Nutzpflanze zu kultivieren, weshalb er, wie in anderen Fällen auch, ein kaiserliches Dekret zu ihrem Anbau erließ. Vor allem die Benediktinermönche haben sich der Rosenzucht angenommen. So stand die Rose als Heilpflanze auch im Mittelalter und der beginnenden Neuzeit hoch im Kurs, was viele Schriften belegen, z. B. von Hildegard von Bingen, Albertus Magnus oder der folgende Auszug aus dem Herbolarium vulgare, erschienen 1522 in Venedig: «Rosenzucker hilft, wenn der Darm geschunden ist, auch zu empfehlen gegen Erbrechen. Rosensirup wird Melancholikern und geschwächten Cholerikern verschrieben. Bei entzündeter Leber reibe ich die Leber, bei Kopfweh Stirn und Schläfen mit Rosenöl ein. Bei Geschwüren im Mund hilft Rosenhonig mit Rosenwasser vermischt ». Im 16. Jahrhundert war die Zahl der Heilwirkungen, die man Rosen nachsagte, so groß, dass sich Hieronymus Bock, Verfasser des berühmtesten Kräuterbuchs seiner Zeit, zu der Bemerkung herabließ, dass diesbezüglich «schon so arg viel gelogen ist worden».

kultpflanze II

Den zweiten großen Karrieresprung nach der römischen Antike machten die Rosen mit dem Erblühen des Marienkults (ab 11. Jahrhundert). Die weiße, stachellose Rose widerspiegelte Reinheit und Unschuld, rote Rosenblüten symbolisierten das Blut Christi und Rosendornen die Sünde. Marienbilder wurden mit Rosen geschmückt und der Rosenkranz wurde zum verbindlichen Gebetsritual der Gläubigen. Auch als Fenstermotiv zog die Rose/Rosette in die Stätten des Glaubens ein. Religiöse und nicht-religiöse Orden, Bruderschaften und Geheimbünde nahmen die Rosenmystik für sich in Anspruch, z. B. die Rosenkreuzer und die Freimaurer. Dabei spielte auch der Brauch des «sub rosa dictum» eine Rolle, denn was unter Rosen verkündet wurde, fiel unter das Gebot der Verschwiegenheit.

Die Lust am Rosenzüchten wurde durch neue Sorten angefacht, welche die Kreuzritter aus dem Heiligen Land mitbrachten. Dort war der Brauch der Reinigung mit Rosenöl und Rosenwasser weit verbreitet. So wurden Kirchen in Jerusalem oder Konstantinopel, welche in die Hände der Mohammedaner fielen und zu Moscheen wurden, mit solchen Unmengen von Rosenwasser gereinigt, dass Sultan Saladin im Jahr 1187 bei der Eroberung der Omar-Moschee in Jerusalem zu diesem Zweck 500 mit Rosenwasser beladene Kamele orderte.

In Mitteleuropa machte sich die kleine Stadt Provins bei Paris die große Nachfrage nach kostbarem Rosenwasser und den daraus zubereiteten Arzneien und Schönheitselixieren zunutze. Seit dem 13. Jahrhundert wurde dort die bedeutendste Heil- und Kosmetikrose, die Rosa gallica officinalis (Abb. Seiten 18/22), auch Apothekerrose genannt, in großem Stil angebaut. Drogerien wie auch Apotheken schossen wie Pilze aus dem Boden und haben ihre Rosenspezialitäten in die ganze Welt versandt. Ihr guter Ruf hielt sich bis in die Moderne. Allein im Jahr 1860 sollen noch 36 Tonnen Rosenblüten von Provins nach Amerika ausgeführt worden sein.

blume der liebe

Mit der Hinwendung zum Profanen im Zeitalter der Entdeckungen wuchs auch das Interesse der Maler an der Königin der Blumen. Nun waren es nicht mehr nur Marienbilder, auf denen die Rosen zu sehen waren, sondern dekorative Stilleben, botanische Studien oder wohlgefällige Porträts reicher Potentaten oder Adliger. Die symbolische Bildersprache der Rosen verfeinerte sich, auch in der Literatur. Die erfüllte, die unerfüllte und die unerfüllbare Liebe, die Geliebte selbst, die Dirne, die Gefahren der Liebe, die Erotik, das sexuelle Verlangen und etliches mehr wurde mit Rosen zum Ausdruck gebracht. Im Viktorianischen Zeitalter erreichte die Sprache der Rosen ihren Höhepunkt, gleichzeitig wurden sie auf Alltagsgegenständen jeglicher Art verewigt – von Torten, Tellern bis zu Tapeten und Toilettenschüsseln. In der Kitschkultur und im englischen Landhausstil hat sich daran bis heute kaum etwas geändert. Und immer noch steht die Rose, trotz aller Verschleißerscheinungen, als einzige für die Liebe: Unvorstellbar, dass die nächtlichen Blumenverkäufer mit einem Strauß Nelken, Narzissen oder Tulpen durch Lokale ziehen, damit die Matadore der Nacht ihren Angebeteten durch die Nelke sagen können, was sie empfinden. Nein, das kann einzig und allein im Namen der Rose geschehen. Und weil dem so ist, tragen nicht nur die Rosen selbst edle, weibliche, königliche oder liebliche Namen wie Lichtkönigin Lucia, Schneewittchen, Sweet Juliet, Pretty Jessica, Belle Amour, Bourbon Queen, sondern auch viele Frauen die Rose im Namen, wovon Scharen von Rosemaries, Roswithas, Rosalindes, Rosinas, Rosis, Rosamundes, Rosalies oder Röslis zeugen.

Rosen tragen edle, weibliche, liebliche oder gar königliche Namen wie Lichtkönigin Lucia (links) oder Sweet Juliet (rechts).

blütenrausch

Die holländische Rosa centifolia setzte mit ihrer Fülle und ihrem Duft neue Maßstäbe.

Inflationär hat sich in den letzten beiden Jahrhunderten die Anzahl der Rosensorten entwickelt. Waren es im Altertum vielleicht eine Handvoll Sorten, die man kannte, und im Mittelalter ein Dutzend, wurden in den ersten gedruckten, illustrierten Kräuterbüchern der Neuzeit (ab 16. Jahrhundert) gerade einmal 2 Dutzend Rosensorten in Europa erwähnt. Ende 16. Jahrhundert hat die vermutlich holländische Zufallszüchtung der Rosa centifolia die Rosenzucht stark beflügelt; mit ihrer Fülle und ihrem Duft hat sie ganz neue Maßstäbe gesetzt. Im 18. Jahrhundert sind es noch immer einige Dutzend Sorten, die man kannte. Erst die Einführung der öfter blühenden und farbenreicheren Bengalrosen aus China hat den endgültigen Durchbruch gebracht. Auf Teeschiffen wurden sie aus dem Fernen Osten nach England, Frankreich und Holland gebracht. Kaiserin Josephine, Napoléons Gattin, war die berühmteste und auf Vollständigkeit bedachte Rosenzüchterin ihrer Zeit. Noch Ende des 18. Jahrhunderts zählte ihr Rosengarten in Malmaison 40 bis 50 verschiedene Rosen, 1814 waren es rund 200. In der zweiten Hälfte des 19. Jahrhunderts waren es schon 6000, heute kann man nicht mehr sagen, wie viele zigtausend Rosensorten inzwischen gezüchtet wurden. Die Königin der Blumen hat sich der menschlichen Kontrolle entzogen, so wie heutige Rosen nicht mehr viel mit den einfachen Wildrosen der Frühzeit gemein haben.

Die Rosenzucht ist mittlerweile eine Wissenschaft für sich; sie ist in allen Ländern in einem flächendeckenden Netz von Vereinen und Verbänden organisiert. Die Liebe zur Rose hat eine ganze Industrie zum Leben erweckt: spezielle Gerätschaften, Dünger, «Schutzmittel» und vieles mehr wollen wohl gewählt sein. Im Trend sind sogenannte alte und englische Rosen, welche in Farbe und Duft den alten Duftrosen nahe kommen.

rosen in der küche

Das Wissen um das große Verwendungsspektrum der Rosen liegt heute völlig brach, wie der Rosenexperte Prof. Dr. Dr. Dietrich Wabner beklagt: «Die Möglichkeiten der Anwendung von Rosenöl und Rosenwasser in Therapie und Pflege sowie in der Kochkunst sind im Laufe der Zeit leider weitgehend verloren gegangen. Die heilende Kraft der Rose kann in der Schönheitspflege ebenso eingesetzt werden wie bei vielen, das Wohlbefinden beeinträchtigenden Beschwerden.» Und in der Küche kann man sich die wohltuenden Eigenschaften auf eine besonders angenehme Art zunutze machen.

Als ich dieses Buch in Angriff nahm und einige Zeit aus alten Büchern gelernt hatte, habe ich die Erfahrung gemacht, dass Kochen mit Rosen und die Herstellung und Anwendung von Rosenprodukten das seelische und körperliche Wohlbefinden beflügeln und zudem kreative Kräfte wecken. Wenn man sich einmal mit den «Gesetzen» der Rosenküche vertraut gemacht und sich überwunden hat, die duftenden Blüten an einem sonnigen Sommermorgen im eigenen Garten zu ernten, kommen Lust und Ideen ganz von allein, mit diesem tollen Geschenk der Natur zu experimentieren. Mit Rosen zubereitete Gerichte sind so betörend, dass man Partner, Familie und Gäste wirklich öffnen und gewinnen kann – und verblüffen allemal. Lassen Sie sich also nicht entmutigen, wenn Ihre Umgebung erst einmal abwinkt nach dem Motto «was der Bauer nicht kennt, isst er nicht». So, wie Rosen seit Jahrtausenden die Menschen begeistert haben, wird es auch bei Ihnen geschehen.

Last but not least darf der gesundheitliche Aspekt der Rosenküche nicht außer Acht gelassen werden. Die Rosenfrucht (Hagebutte) ist eine der gesündesten, wirksamsten und wertvollsten Rohstoffe der Natur. In unseren Breiten gibt es keine Frucht, die mehr Vitamin C enthalten würde. Sie hat bis zu hundertmal mehr natürliches Vitamin C als die Zitrusfrüchte. Sie vereint zudem fast alle lebenswichtigen Mineralstoffe in sich und schmeckt dazu noch köstlich. Man sollte die Mühe der Verarbeitung nicht scheuen, denn sie lohnt sich.

Rosen aus dem eigenen Garten schmecken am besten. Auch in Hausgärten anzutreffen ist die Rose Sutters Gold (links).

kleine rosentypologie

1 Gallicarosen
Älteste kultivierte Rosenart. Urmutter aller modernen Rosen. Erlangte große Bedeutung in der Koch- und Heilkunst.

2 Damaszenerrosen
Alte Rosen mit schwerem, üppigem Duft.

Chinarosen, auch Bengalrosen
Aus ihnen gingen die modernen Edel- und Beetrosen hervor.

Teerosen
Alte Rosensorten mit stark gefüllten Blüten, die aus China auf Teeschiffen nach Europa gelangt sind.

Edelrosen, auch Teehybriden
Elegante, langstielige Rosen. Sie stammen von den chinesischen Teerosen ab.

3 Moschusrosen
Nach Moschus duftende Kreuzungen, welche auf die alte Wildrose «Rosa moschata» aus Indien und China zurückgehen.

Floribundarosen
Niedrige Beetrosen, deren Blütenform an die der Edelrosen erinnert.

Bourbonrosen
Aus Kreuzungen zwischen Damaszener- und Chinarosen hervorgegangene Sorten.

3

4

Remontant-Rosen

Aus Kreuzungen zwischen Bourbon- und Teerosen hervorgegangene mehrmals blühende Sorten, an der Schwelle zwischen «alten» und «modernen» Rosen.

Englische Rosen

Moderne Rosen aus den Züchtungen des Engländers David Austin, die mit ihrem starken Duft und den gefüllten Blüten «alten Rosen» Konkurrenz machen.

Romantica-Rosen

Moderne Rosen aus der Züchtung Meilland, deren dicht gefüllte Blüten «alten Rosen» ähneln.

4 Zentifolien, auch Kohl- oder Provencerosen

Inbegriff der «alten Rosen» mit üppiger Blütenfülle und betörendem Duft.

Albarosen

Älteste Gartenrosen. Wurden schon von den Römern und Griechen gezüchtet. Robuste Sorten mit überragendem Duft.

Seite 18: Rosa gallica Versicolor (links), Damaszenerrose Trigintipetala (rechts)
Seite 19: Moschusrose Autumnalis (links), Zentifolie Muscosa rubra (rechts)

rosen zum kochen

Grundsätzlich eignen sich für die Verwendung in Küche, Heilkunde und auch Kosmetik alle frischen, ungespritzten, unbehandelten Duftrosen – am besten aus dem eigenen Garten und niemals aus dem Blumenladen! Duftrosen können sowohl Englische Rosen, Zentifolien als auch Parfümrosen sein.

Rosenblüten pflücken: Der ideale Zeitpunkt für die Ernte der Blüten ist ein warmer, sonniger Vormittag oder Morgen von Juni bis August. Bevor man die Blütenblätter verarbeitet, werden sie vom Blütenstängel gezupft. Den hellen Blattansatz immer entfernen; er schmeckt bitter. Am besten macht man dies, indem man mit der Hand alle Blütenblätter auf einmal von der Blüte abdreht und dann mit einer Schere den hellen Blattansatz auf einmal abschneidet. Dann die Blütenblätter ausbreiten und mit einem Pinsel von vorhandenen Insekten säubern.

Es eignen sich sehr viele Sorten zum Kochen. Generell sind dunkle, alte Rosensorten am idealsten, weil sie am besten Farbe und Duft konservieren (was z. B. bei Potpourris und Rosentees entscheidend ist). Auch wenn Ihre Lieblingsrose nicht dabei sein sollte oder Sie ihren Namen nicht kennen – wenn Sie ihren Duft mögen und sie nicht mit Pflanzenschutzmitteln behandelt ist, ist sie in der Küche immer willkommen. Wir haben auf den

nächsten Seiten eine bewährte Auswahl von «Küchenrosen» zusammengestellt. Sie haben teils sehr unterschiedliche und stark von einander abweichende Duftnoten.

Bioland-Rosenschule Ruf: Blüten für Küche und Handel werden kiloweise geerntet

An einem Junimorgen vor Tagesanbruch aufstehen und 30 kg Rosenblüten pflücken – was für manche wie ein schöner Traum erscheint ist für Sabine und Werner Ruf harte Arbeit. Die Bioland-Rosenschule Ruf in Bad Nauheim-Steinfurth (die Fotos auf den beiden Seiten stammen aus ihren nördlich von Frankfurt a. M. gelegenen Rosenkulturen) ist eine der wenigen Gärtnereien weltweit, welche ihre Pflanzen kontrolliert biologisch anbauen. Neben der Anzucht der Gartenrosen entwickelte sich der Anbau historischer Duftrosen zur Blütenernte zu einem Nebenzweig der Gärtnerei. Mit angeregt durch die Erstauflage des vorliegenden Buches entwickelte Sabine Ruf ein breites Sortiment an Rosenspezialitäten, die in ihrem Rosenlädchen angeboten werden. Immer öfter werden auch Blüten weiterverkauft, egal ob jemand nur den eigenen Garten nicht plündern mag, oder ob eine Kosmetikfirma nicht auf ätherische Öle zurückgreifen, sondern frische Blüten verarbeiten möchte. Allein das Pflücken der wohlriechenden Blüten im Morgentau entschädigt für viel harte Arbeit auf dem Rosenfeld.

1 Lavender Dream
1985. Strauchrose. Zierliche, kleine Blüten, lavendelfarbig.

2 Rosa gallica Versicolor
Auch Rosa mundi. 1581.
Berühmte alte Gallicarose, deren halb gefüllte Blüten weiß-karminrot-rosa gestreift sind, etwas eigenwilliger Duft, besonders geeigent für ausgefallene Garnituren.

Bibernellrose
Wildrose mit nach Honig duftenden Blüten, die häufig auf Dünen und Böschungen vorkommt. (ohne Bild)

3 Madame Isaac Pereire
Kirschrote Blüten. Soll intensivster Rosenduft sein.

4 Louise Odier
1851. Bourbonrose. Stark gefüllte Blüte, warme Farbe, betörender Duft.

5 Rose de Resht
Damaszenerrose. Stark gefüllte Blüte, kirschrot, herb-süßer Duft.

Rosa rubirinova «Mosqueta»
In der Kosmetik und in der Volksmedizin gebrauchte duftende Wildrose. (ohne Bild)

6 Madame Hardy
1832. Damaszenerrose. Rein weiße Blüte, grüner Punkt, gefüllt, leichter Duft.

7 Damascena
Damaszenerrose. Silberrosa Blüte, erblüht hellrosa, halb gefüllt, starker, süßer Duft.

8 Mildred Scheel
Rot blühende, gefüllte Edelrose mit starkem Duft.

9 Gruß an Aachen
1909. Polyantha. Große, stark gefüllte Blüten, weißrosa, mit gelblichem Schimmer, mit Anflug von Holunderduft.

10 Erotika
Blutrote Edelrose mit leichtem Erdbeeraroma.

11 New Dawn
1930. Kletterrose. Gut gefüllte Blüte, zartrosa, zarter Teerosenduft. Kleine Hagebutten.

12 Friesia
1973. Polyantha. Große, gefüllte Blüten, leuchtend goldgelb, zarter Zitronenduft.

13 Celestial
1797. Historische oder antike Rose. Halbgefüllte Blüten, leichtes Rosa mit gelben Staubfäden, extrem «reiner» Rosenduft.

14 Gertrude Jekyll
1986. Englische Rose. Dicht gefüllte Blüte, leuchtend rosa, am Rand hell.

15 Charles de Mills
Rosa gallica. Große Blüten, dunkelpurpurrot bis dunkelviolett, leichter Duft.

16 Souvenir de la Malmaison
1843. Teehybride. Stark gefüllte, geviertteilte Blüte, zart cremefarbig mit rosa Hauch, nach dem Aufblühen fast ganz weiß. Teerosenduft.

17 Schottische Zaun- oder Weinrose
Wildrose; Blüten duften nach Apfel.

18 Rosa primula
Blütenblätter mit Weihrauch-Aroma.

19 Apotheker- und Essigrose
Vor 1600. Rosa gallica. Halb gefüllte Blüte, mattrot. Wohlriechendes Aroma, getrocknet noch intensiver. Vor allem in der Heilkunde des Mittelalters verbreitet.

20 Maiden's Blush
Vor 1738. Historische oder antike Rose. Gefüllte Blüte, zartrosa bis weiß. Leichter Wildrosenduft. Wird wegen des häufigen Vorkommens in holländischen Stilleben auch Malerrose genannt.

21 Othello
1986. Englische Rose. Große, dicht gefüllte Blüten, reiches, dunkles Scharlachrot, später purpur bis malvenfarbig. Intensiv duftend.

22 Lawinia
1980. Kletterrose. Große, edelrosenförmige gefüllte Blüten, leuchtend reinrosa. Einzigartiger Duft.

23 Duftrausch
Teehybride. Stark gefüllte Blüten, violettrosa. Starker, würziger Duft.

24 Duftwolke
1963. Teehybride. Blutorangerote Blüten. Würziger Duft.

25 Wife of Bath
1969. Englische Rose. Dicht gefüllte Blüte, sattes, kräftiges Rosa bis Rötlich, heller Rand. An Myrrhe erinnernder, intensiver Duft.

26 Constance Spry
1961. Strauchrose/Austin. Stark gefüllte Blüte, leuchtendes Rosa. Große orangefarbige Hagebutten.

Getränke (Bowlen, Limonaden, Likör)

Am besten eignen sich süß duftende Zentifolien wie Cristata, Fantin Latour, Ombrée Parfaite oder Madame Hardy, Rose de Resht.

Konfitüren und Gelees

Blüten von besonders zart parfümierten Edelrosen wie Erotika, Gruß an Aachen, Friesia, Gertrude Jekyll verwenden.

Hagebutten-Rezepte

Sorten wie Bibernellrose, Weinrose, Kartoffelrose oder Apfelrose.

Vitaminrosen

Seite 27 (Hagebutten: Vitaminrosen)

vitaminrosen

hagebutten

Weltweit gibt es 100 bis 200 Sorten Wildrosen, die gegenüber den unzähligen Kultursorten sehr schlicht und einfach anmuten. Die Hecken- respektive Hundsrose ist die gewöhnlichste aller Rosen und gedeiht wild an fast jeder Ecke beziehungsweise Hecke von Europa bis Asien und Amerika. Das leuchtende Rot ihrer Früchte, der Hagebutten, sticht im Herbst ins Auge. Eigentlich handelt es sich bei den Beeren um Scheinfrüchte, welche nicht nur von den Fruchtblättern, sondern auch von Teilen der Blüte gebildet werden. In den roten Früchten steckt die geballte Kraft der Heckenrose, die seit Jahrtausenden genutzt wird: ein überwältigender Vitamin- und Mineralstoffreichtum, welcher abwehrstärkend und antioxidativ wirkt.

Die Hagebutten sind reich an Vitamin C, Vitamin B_1, B_2, B_6, E, K, Niacin, Rutin, sie enthalten sehr viel Kalium, Kalzium, Magnesium, Phosphor, Natrium, Eisen, ungesättigte Fettsäuren, ätherisches Öl, Pektin, Invertzucker, Zitronen- und Apfelsäure. Die Früchte sind eiweißarm, kohlenhydratreich und bestehen zu drei Vierteln aus Wasser. Kurz: Sie sind das gesündeste Nahrungsmittel in unseren Breiten überhaupt. Höchste Zeit, dass die Hagebutten wieder mehr in den Speiseplan einbezogen werden. 100 g frische Hagebutten liefern zwischen 1000 und 4000 mg Vitamin C (vom Reifegrad abhängig) und stellen mit Ausnahme der Acerolakirsche alle Vitamin-C-haltigen Nahrungsmittel konkurrenzlos in den Schatten. Zum Vergleich: 100 g frische Grapefruit enthalten 40 mg, 100 g Orange 50 mg Vitamin C.

Die Heilkraft der Hagebutte verleibt man sich in erster Linie in Form von Frühstücks-, Erfrischungs- und «Grippetee» ein, mild abführende und harntreibende Nebeneffekte inklusive. Kneipp war, wie viele namhafte Naturärzte, ein großer Verfechter der Hagebutten und hat die wohltuende, heilende Wirkung des Tees bei Blasen- und Nierenleiden, Rheuma und Gicht wärmstens empfohlen. Darüber hinaus gibt es eine Renaissance der alten Tradition, Hagebutten im Herbst zu Mark, Mus, Konfitüre, Kompott, Sirup, Wein oder Likör zu verarbeiten, die sich dann in allerlei süßen Speisen von Auflauf bis zu süßer Suppe, Pudding oder Müesli wiederfinden. Bis ins 20. Jahrhundert war Hagebuttensirup für Kinder als Vitamin-C-Spender an der Tagesordnung.

Empfehlenswerte Sorten zum Kochen

Besonders reichhaltige, schöne, große Hagebutten liefern Apfelrose (Rosa villosa), Züchtungen und Abkömmlinge der Kartoffelrose (Rosa-rugosa-Hybriden), Pillnitzer Vitaminrose Pi-Ro 3, Rosa jundzillii respektive marginata und die Sorten Hansa, Scabrosa, Eddie's Jewel, Highdownensis, Geranium und Foxi. Zum Einmachen werden meist die Früchte der Kartoffelrose, Bibernellrose, Weinrose und Apfelrose verwendet.

Hagebutten ernten

Der Erntezeitpunkt entscheidet, ob die Früchte die geballte Kraft der Inhaltsstoffe enthalten. Hagebutten sollten voll ausgereift und rot, aber noch hart und knackig sein und erst nach dem ersten Frost geerntet werden – aber nie ganze Sträucher abernten, damit die Tiere noch ihr Winterfutter finden. Am besten werden die Hagebutten unmittelbar nach der Ernte verarbeitet. Überreife Früchte haben bereits wieder einen Teil der Vitalstoffe abgebaut. Für eine gute Ernte den letzten Flor (Blüten) nicht abschneiden, damit sich die Früchte ausbilden können.

Besonders reichhaltige, schöne, große Hagebutten (rechts) liefern die Apfelrose Rosa villosa (oben) und die Kartoffelrose Rosa rugosa (unten).

rosenwasser

Lange bevor man reines Rosenöl herstellen konnte, hat man in Ägypten und Persien duftendes Rosenwasser in Medizin, Küche und Kosmetik verwendet. Bis zum 17. Jahrhundert hatte Persien – dort war das Wasser Allheilmittel – den Handel mit Rosenwasser beherrscht. Seine kühlende, entzündungshemmende Eigenschaft wird in der Naturheilkunde noch heute vor allem bei Augenleiden geschätzt. Außerdem sind kühlende, beruhigende Rosenwasserkompressen, auf Stirn und Schläfen aufgelegt, eine Wohltat bei Fieber und Kopfschmerzen. Umschläge mit Rosenwasser wirken beruhigend auf das Herz-Kreislauf-System und auf das Verdauungssystem. Die Liste der wohltuenden Eigenschaften von Rosenwasser ließe sich noch lange fortsetzen. Auch in der Schönheitspflege hat das Rosenwasser einen hohen Stellenwert. Es reinigt, klärt, erfrischt, belebt und tonisiert die Haut und hilft ihr auch, mit Unreinheiten und Entzündungen besser fertig zu werden.
Mit Rosenwasser kann man wie auch mit ein paar Tropfen ätherischen Rosenblütenöls köstliche Speisen zubereiten, denen man nicht ganz zu Unrecht eine aphrodisische Wirkung nachsagt. Indische, persische, arabische, türkische oder marokkanische Kochbücher stellen diesbezüglich so manche Fundgrube für ungewohnte Kochkreationen mit Rosen dar.

Rosenwasser für die Küche und kosmetisches Rosenwasser müssen nicht identisch sein. Reines Rosenwasser entsteht als Kondensationswasser bei der Herstellung von ätherischem Rosenöl durch Wasserdampfdestillation.
Es enthält keine Konservierungsmittel und ist deshalb nur begrenzt haltbar (6 Monate).
Rosenwasser für die Küche ist problemlos selbst herzustellen. Wenn man kosmetisches Rosenwasser selbst produzieren möchte, übergießt man Rosenblüten mit Mineralwasser und fügt im Verhältnis 1:10 reinen Alkohol bei.
Rosen 4 bis 5 Stunden im Wasser ziehen lassen, dann die Flüssigkeit abseihen und in Vorratsflaschen füllen, fertig ist das Rosenwasser aus dem eigenen Garten.

ätherisches rosenöl

Ein echtes ätherisches Rosenöl geht auf den schweren, üppigen Duft der Damaszenerrose zurück, die seit Jahrtausenden als die Duftrose schlechthin gilt. Die Rosa damascena wurde aus Syrien, dem Land der Rosen, von Kreuzrittern ins Abendland gebracht. Ihren Namen verdankt sie der syrischen Hauptstadt Damaskus. Mit der Gallicarose (Apothekerrose), der Albarose und deren Abkömmling, der Zentifolie, bildet die Damaszenerrose die Klasse der ältesten Rosensorten. Rose de Resht ist eine der besten Damaszenerrosen und die einzige von ihnen, die öfter blüht. Andere betörend duftende Damaszenerinnen sind die Rosa damascena Isphahan und die 30-blättrige Rosa damascena Trigintipetala, die aufgrund ihres umwerfend intensiven Geruchs auch Ölrose genannt wird. Für die Gewinnung von Rosenöl verwendet man heute hauptsächlich Damaszenerrosen und Zentifolien aus Bulgarien, Marokko, aus der Türkei und der Ukraine, aus Russland, aus dem Iran und aus Saudi-Arabien.

Für die Gewinnung von ätherischem Rosenöl gibt es zwei Arten: Wasserdampfdestillation und Extraktion. Das destillierte, reine Rosenöl besitzt eine klare bis leicht grünliche Farbe und eine süße, blumige Duftnote und ist sehr teuer. Der Preis bewegt sich für einen Milliliter zwischen CHF 25.– und 50.– respektive EUR 16,– und 31.–, was auf die enorme Blütenmenge zurückzuführen ist, welche für die Gewinnung von Rosenöl benötigt wird. Für einen Liter echten ätherischen Rosenöls bedarf es bis zu 8000 kg Rosenblütenblättern. Billigere Rosenöle sind in der Regel verfälscht, mit anderen Substanzen verschnitten oder auch synthetisch hergestellt. Die beste Qualität soll türkisches und bulgarisches Rosenöl haben. Rosenöl wird in der Kosmetik, in der Parfümherstellung, in der Aromatherapie und in sehr kleinen Mengen in der Küche verwendet.

Attar

Das in der Antike verwendete Rosenöl ist nicht mit dem echten ätherischen Rosenöl zu vergleichen. Bevor man das Verfahren der Wasserdampfdestillation gekannt hatte, wurden Blütenblätter in Fette und Öle eingelegt, um den Duft einzufangen. Erst dem persischen Arzt Avicenna gelang im 10. Jahrhundert n. Chr. die schonende Gewinnung von reinem Rosenblütenöl mittels Wasserdampfdestillation. Unter der Bezeichnung Attar, die sich im Englischen bis heute als «Attar of roses» gehalten hat, gewann der schwere und süße Duft rasch große Beliebtheit, insbesondere in der arabischen Welt.

Rosenabsolue

Durch Extraktion gewonnen, rötlich-bräunliche Farbe und von etwas zähflüssigerer Konsistenz und anderer chemischer Zusammensetzung als das Rosenöldestillat. Bei der Extraktion werden die Duftstoffe mit lebensmitteltauglichen Lösungsmitteln (Hexan, Methanol u. a.) aus den Blüten gelöst und dann mit Alkohol von den Lösungsmitteln gereinigt. Die Rückstände sind gesundheitlich unbedenklich und verschwindend gering, so dass man Absolues auch in der Küche verwenden könnte, wobei dem destillierten Rosenöl (wie in der Heilkunde auch) eindeutig der Vorzug zu geben ist. In der Parfümherstellung sind dagegen extrahierte Absolues wegen ihres noch intensiveren Dufts mit der blumig-würzigen, warmen, süßen Note gefragter. Für die Herstellung von Rosenabsolue werden vornehmlich marokkanische, ägyptische und französische Zentifolien verwendet.

Inhaltsstoffe

Mit über 400 chemischen Einzelsubstanzen ist das Rosenöl ein sehr komplexer Stoff. Noch sind längst nicht alle Inhaltsstoffe bestimmt. Zu den wichtigsten bis heute erforschten Komponenten zählen sowohl beim Destillat

Die Damaszenerrose (rechts) gilt als Duftrose schlechthin. Die Rose de Resht (links) ist eine der besten Damaszenerrosen.

als auch beim Extrakt, allerdings in völlig unterschiedlichen Mengen, Citronell, Geraniol, Phenyläthylalkohol, Linalool, Rosenoxide, Mythyleugenol, Stearoptene und Farnesol. Citronellol macht das Rosenöl besonders mild und hautverträglich und hat eine tonisierende Wirkung auf das Nervensystem. Gemeinsam mit Geraniol verfügt es über einen antirheumatischen Einfluss. Phenyläthylalkohol, von dem das Absolue etwa fünfzigmal mehr enthält als das Destillat, hat wie das Eugenol einen betäubenden Effekt und hemmt das Wachstum von Keimen. Das im Destillat höher konzentrierte Farnesol wirkt antibakteriell, desodorierend und ist sehr hautfreundlich.

Deklaration

Die Rosendestillate werden mehrheitlich mit dem Qualitätsvermerk «100 % naturreines ätherisches Öl» deklariert. Rosenabsolue wird in der Regel als «natürlicher Pflanzenauszug» deklariert; aufgrund der Lösungsmittelrückstände kann es nicht als naturrein bezeichnet werden. Seriöse Hersteller geben den botanischen Namen der Rose, das Herkunftsland und das Gewinnungsverfahren auf dem Etikett an. Ätherische Rosenöle kauft man am besten im Naturkost-/Naturkosmetikladen, im Reformhaus und Fachgeschäft. Es sollte gut verschlossen in dunklen Glasfläschchen aufbewahrt werden. Die Haltbarkeit geht normalerweise weit über das Verfalldatum hinaus, da Rosenöl wie ein guter Wein reift und mit dem Alter noch besser wird.

Kostbarer Duftstoff

Der Rosenduft ist und bleibt der Klassiker und der kostbarste unter den Duftstoffen. Kein anderes ätherisches Öl konnte die Rose bislang entthronen. Sein Stellenwert in der Parfümerie ist unschlagbar. Für die Magie des Rosendufts spricht folgender Szenenausschnitt aus Richard Strauss' «Rosenkavalier»: «Nach hochadliger Sitte hält Oktavian als Rosenkavalier für den Baron Ochs von Lerchenau um die Hand der jungen Sophie an. Mit großem Gefolge betritt Oktavian, gekleidet in Weiß und Silber, den Saal. Wie es das Zeremoniell vorschreibt, sinkt Sophie mit tiefem Knicks vor ihm nieder. Feierlich überreicht er ihr im Namen des zu Lerchenau die silberne Rose. Sophie nimmt die Rose in Empfang, zu ihrer Verwunderung duftet sie überirdisch; dafür hat ein Tropfen persischen Rosenöls gesorgt. Dann plaudern die jungen Menschen und finden Gefallen aneinander ...».

Wildrosenöle haben nichts mit ätherischem Rosenöl zu tun. Während letzteres aus den Blüten hergestellt wird, basiert Wildrosenöl auf den Früchten der Rose, den Hagebutten.

wildrosenöl

Die Rosa canina ist eine der 36 Bachblüten.
Ihre Essenz kommt in der Therapie zum Einsatz.

Wildrosenöl wird durch Kaltpressung aus den Samenkernen der Hagebutten gepresst, weshalb man es auch als Hagebuttenkernöl und Hagebuttensamenöl bezeichnet. Lieferant sind die wildwachsenden Hecken- respektive Hundsrosen, deren Früchte von Hand geerntet werden. Die dann herausgeschälten Fruchtkerne werden gemahlen und daraus durch Kaltpressung ein geruchloses, fettes Öl von heller Farbe gewonnen.

Die Samenöle sind aufgrund ihrer Inhaltsstoffe sehr wertvolle, echte Hautfunktionsöle. Gleich wie das ätherische Rosenöl ist auch das Wildrosensamenöl sehr hautverträglich. Es eignet sich für alle Hauttypen, fördert die Zellerneuerung, reguliert den Hautstoffwechsel, es strafft, nährt und regeneriert die Haut. Es erweist sich als Wohltat bei rissiger, trockener, spröder und reifer Haut und leistet gute Dienste zur Behandlung von Schwangerschaftsstreifen, Narben, verbrannten Hautpartien und Wunden. Dank guter Absorption eignet es sich bestens für die tägliche Gesichts- und Körperpflege und kann außerdem für Massagen, Bäder und Kompressen sowie zum Inhalieren verwendet werden. Das Wildrosenöl verfügt über einen besonders hohen Anteil mehrfach ungesättigter Fettsäuren, darunter Linol- und Linolensäure. Da es wie die meisten der Samenöle nur begrenzt haltbar ist, wird es mit Jojoba-, Weizenkeim- oder anderen Ölen gemischt, um schnelles Ranzigwerden zu verhindern.

Die Wildrosen-Blütenessenz wird auch in der Bachblütentherapie verwendet. Sie ist eine der 36 Bachblüten. Die Einnahme von Wildrosen-Tropfen soll die Lebenslust steigern und zu mehr Aktivität und zu einer positiveren Lebenseinstellung führen. Außerdem soll sie Ruhe verleihen, um Unvermeidliches annehmen zu können.

rosenmedizin

Die Rose war als Heilpflanze in der altchinesischen, ayurvedischen, ägyptischen und altarabischen Medizin ebenso verankert wie in der griechisch-römischen Heilkunde und in der späteren mittelalterlichen Kräuterkunde. Noch im Barock-Zeitalter soll jedes dritte Medikament Rosen oder Rosenbeimischungen enthalten haben. Rosenwasser wurde wegen seiner geruchs- und geschmacksverbessernden Eigenschaften auch vielen Arzneimitteln hinzugefügt. Es gab kaum ein Gebrechen, dem man nicht mit Rosen beizukommen glaubte. Der Anwendungsbereich der Rosenmedizin war sehr breit gefächert. Den Hauptnutzen sah man im Allgemeinen in der Stärkung von Körper und Seele und im Besonderen in der Behandlung von Entzündungen. Dass die Rose, welche die in ihrer Symbolik wie keine andere mit dem Weiblichen, Erotischen und Sinnlichen verbunden ist, zur Therapie von Frauenleiden herangezogen wurde, erstaunt nicht. Rosenöl galt als Medizin bei Menstruations- und Wechseljahrsbeschwerden. Zur «Kräftigung» der Gebärmutter, während der Schwangerschaft und Geburt sowie bei Lustmangel und Frigidität wurde es ebenso eingesetzt. Weitere Indikationen waren Migräne, Erschöpfung, angeschlagene Nerven, Heuschnupfen, Magenleiden, Herz-Kreislauf-Störungen und ganz besonders Hautleiden. Die Liste der Empfehlungen von Rosenpräparaten bei Ekzemen, Herpes, Aphthen, Ausschlägen, rissiger, trockener und alternder Haut ist lang. Auch in der Sterbehilfe und bei psychischen Problemen, etwa bei Liebeskummer bis zum mangelndem Selbstbewusstsein, wurden Rosen in verschiedenster Form verordnet.

In den 90er Jahren des 20. Jahrhunderts gemachte wissenschaftliche Untersuchungen und Studien konnten die heilenden Eigenschaften des Rosenöls nachweisen, so der positive Einfluss auf das Herz-Kreislauf-System, den Magen-Darm-Trakt, Leber, Nieren und die Haut. Prof. Dr. Dr. Dietrich Wabner von der Technischen Universität in München gilt als Kapazität in Sachen Rosenöl und ist Präsident der Natural Oils Research Association im britischen Windsor. Er hat u. a. die günstige Wirkung ätherischen Rosenöls auf die Haut und das seelisch-geistige Gleichgewicht wissenschaftlich untermauert. Es hat sich gezeigt, dass Rosenöl Stress, angespannten Nerven, Verspannungen oder Einschlafstörungen entgegensteuern kann.

Zu den gesundheitlichen Vorzügen von Hagebutten siehe Seiten 27/28.

aromatherapie

Die Aromatherapie ist ein sehr alter Zweig der Naturheilkunde. Duftende Rosenessenzen und Rosenöle haben in der Aromatherapie schon immer eine große Rolle gespielt. Dem ätherischen Rosenöl werden wundheilende, entzündungshemmende, desinfizierende sowie entkrampfende Eigenschaften attestiert. Auf der seelischen Ebene wird es als harmonisierend, ausgleichend, beruhigend, besänftigend, aufhellend und tröstend beschrieben. Aufgrund dieser Qualitäten wird es bei stressbedingten Beschwerden, emotionalen Konflikten und – seit Jahrtausenden – als Hilfe beim Hinübergleiten vom Leben in den Tod und umgekehrt bei der Geburt empfohlen. Das Rosenöl ist eines der wenigen ätherischen Öle, das problemlos direkt auf die Haut aufgetragen werden kann und ist deshalb nicht nur für die Duftlampe geeignet, sondern auch für Massagen und Bäder.

für den

vorrat

- Die Hälfte der Rosenblütenblätter in eine Schüssel geben. Das Wasser aufkochen, darübergießen. Etwa 1 Stunde ziehen lassen.

- Das Rosenwasser abseihen und aufkochen.

- Die restlichen Rosenblütenblätter in die Schüssel geben. Das kochende Rosenwasser darübergießen. 1 Stunde ziehen lassen.

- Das Rosenwasser abseihen, aufkochen und in vorgewärmte kleine Flaschen füllen, sofort verschließen.

Haltbarkeit
Im Kühlschrank ungeöffnet mehrere Wochen lagerfähig. Geöffnete Fläschchen innerhalb einer Woche aufbrauchen.

Wichtig
Im Handel wird sowohl natürliches wie naturidentisches (künstliches) Rosenwasser angeboten. Zum Kochen nur das etwas teurere, aber natürliche Rosenwasser verwenden! Das naturidentische Rosenwasser schmeckt viel intensiver, jedoch seifig.

2 x 50 g gezupfte Duftrosenblütenblätter, Seite 20
1 l Wasser

rosenwasser für die küche

rosenblütenessig

ca. 20 ganze Duftrosenblüten
1 l Weißweinessig

- Die Rosenblütenblätter abzupfen, Blattansatz mit einer Nagelschere abschneiden. Die Blätter auf Insekten und Unversehrtheit kontrollieren.

- Die Rosenblütenblätter locker in eine breitrandige Flasche mit Verschluss oder in ein großes Einmachglas füllen, mit dem Essig aufgießen, verschließen. Den Inhalt an einem sonnigen Ort etwa 3 Wochen ziehen lassen, gelegentlich schütteln.

- Den Rosenessig abseihen und in Flaschen füllen. Kühl und dunkel lagern. Für die Dekoration nach Belieben einige frische Rosenblütenblätter in die Flasche füllen.

Verwendung
Rosenblütenessig passt ausgezeichnet zu Blattsalat.

rosenblütenöl

- Die Rosenblütenblätter in eine breitrandige Flasche füllen, Traubenkernöl aufgießen, Flasche verschließen. Das Öl 3 Tage an einem kühlen, dunklen Ort ziehen lassen. Abseihen.

- Das Rosenblütenöl in eine dunkle Flasche füllen. An einem kühlen, dunklen Ort aufbewahren.

Verwendung
Das Rosenblütenöl harmoniert ausgezeichnet mit Blattsalaten. Wichtig: Das ist kein ätherisches Öl.

1 Handvoll Duftrosenblütenblätter, Seite 20
½ l kalt gepresstes Traubenkernöl

rosenblütenhonig

Das Rosenöl unter den Honig rühren.

Verwendung
Zum Süßen von Tee und Quarkspeisen oder als Brotaufstrich.

500 g (1 Glas) Akazienhonig
2–4 Tropfen biologisches ätherisches Rosenblütenöl, Menge je nach Sorte

gezuckerte rosenblüten

- Schön geformte, nicht zu stark gefüllte Duftrosenblüten am Morgen bei Sonnenschein pflücken.
- Die Blüten mit einem sauberen Pinsel auf Insekten kontrollieren.
- Blütenblätter, Blatt um Blatt, mit dem leicht verquirlten Eiweiß einpinseln. Blätter dabei nicht zu nass machen.
- Jedes Blütenblatt sorgfältig mit feinem Kristallzucker bestreuen.
- Die Blüten auf einem Kuchengitter 3 bis 8 Tage trocknen lassen.

Haltbarkeit
Die gezuckerten Rosenblüten können in einem luftdicht schließenden Einmachglas mehrere Monate aufbewahrt werden.

ganze Duftrosenblüten
Eiweiß
Zucker

Abbildung Seite 111

rosenblütenzucker

- Die getrocknten Rosenblütenblätter von Hand (zwischen den Fingerkuppen) fein verrreiben, mit dem Zucker mischen.
- Rosenzucker in einem Einmachglas mit Schraubverschluss luftdicht verschlossen aufbewahren.

Tipp

Farblich am schönsten zu Kristallzucker sind dunkelrosa oder rote Blütenblätter. Zu Vollrohrzucker, der sich wegen seines stärkeren Eigenaromas weniger empfiehlt, passen auch gelbe oder weiße Blüten.

10 g getrocknete Duftrosenblütenblätter, Seite 46
40 g Zucker

rosenblütensirup

ca. 40 ganze Duftrosenblüten
1 l Wasser
1 kg Zucker

- Die Rosenblütenblätter abzupfen, den Blattansatz mit einer Nagelschere abschneiden. Die Blütenblätter auf Insekten und Unversehrtheit kontrollieren.
- Die Hälfte der Rosenblütenblätter mit dem Wasser aufkochen, auf der ausgeschalteten Wärmequelle zugedeckt etwa 20 Minuten ziehen lassen. Abseihen und den Sud auffangen.
- Die restlichen Rosenblütenblätter mit dem Rosensud aufkochen, den Sud auf der ausgeschalteten Wärmequelle zugedeckt 20 Minuten ziehen lassen. Abseihen und den Sud auffangen.
- Rosensud mit dem Zucker aufkochen. Den Rosenblütensirup kochendheiß in vorgewärmte Flaschen (mit Bügel- oder Drehverschluss oder Gummizapfen) füllen.
- Die Flaschen an einem zugfreien Ort abkühlen lassen, dann an einem kühlen, trockenen, dunklen Ort lagern.

Haltbarkeit
Ungeöffnete Flaschen etwa 1 Jahr.

rosenblütenlimonade

ca. 40 ganze Duftrosenblüten
1 l Wasser
100–150 g Zucker

Herstellung
siehe Rosenblütensirup, Seite 44.

Haltbarkeit
Ungeöffnete Flaschen etwa 6 Monate; geöffnete im Kühlschrank lagern und innerhalb einer Woche aufbrauchen.

rosenblütenlikör

ca. 20 Duftrosenblüten
7 dl/700 ml weißer Rum
70 g Zucker
80 g weißer Kandiszucker
1–2 Tropfen biologisches ätherisches Rosenöl, Menge je nach Sorte

- Die Rosenblütenblätter abzupfen, den Blattansatz mit einer Nagelschere abschneiden. Blätter auf Insekten und Unversehrtheit kontrollieren.
- Rosenblütenblätter mit weißem Rum, Zucker, Kandiszucker und ätherischem Rosenöl in ein Einmachglas geben, das Glas luftdicht verschließen.
- Den Rosenlikör 6 bis 8 Wochen an einem kühlen, schattigen Ort ziehen lassen. Gelegentlich schütteln.
- Den Likör filtrieren, d. h. durch ein Baumwoll-/Mulltuch oder durch einen Papier-Kaffeefilter gießen. Rosenblütenlikör in eine schöne Karaffe füllen.

teemischung mit rosenblüten

40 g Duftrosenblütenblätter
20 g Lindenblüten
20 g Melissenblätter
10 g Ringelblumenblüten
10 g Veilchen- oder Lavendelblüten

- Kräuter und Blüten bei schönem Wetter und am besten morgens ernten. Die Blüten stets mit der Schere abschneiden (nicht brechen). Die Rosenblütenblätter abzupfen, den Blattansatz mit einer Nagelschere abschneiden. Die Blütenblätter auf Insekten und Unversehrtheit kontrollieren. Die Ringelblumenblütenblätter ebenfalls abzupfen.

- Kräuter, Blütenblätter und ganze Blüten unmittelbar nach dem Schneiden an einem schattigen, warmen Ort dünn auslegen und trocknen lassen.

- Trockene Kräuter und Blüten mischen, in einer gut schließenden Dose aufbewahren. Erst bei Gebrauch zerkleinern (verhindert einen Aromaverlust).

Kräuterqualität
Erntezeitpunkt, Pflege der Pflanzen und Trocknungsart sind für eine gute Teequalität wichtig. Mehrjährige Stauden dreimal schneiden, am besten im Mai, Juli und September. Vor der Blüte empfiehlt sich jeweils ein Schnitt bei denjenigen Stauden, von denen nur die Blätter verwendet werden (Melisse, Pfefferminze, Salbei usw.). Die Pflanze muss sich durch den Schnitt immer wieder verjüngen.

Dosierung
Für eine Tasse Tee 1 TL der Mischung mit heißem Wasser übergießen, 5 Minuten ziehen lassen, absieben.

Wirkung
Ein wohltuender, besänftigender Tee.

indisches rosengewürz

- Alle Zutaten auf ein Kuchenblech verteilen, im Backofen bei 180 °C rösten. Den Röstvorgang überwachen, damit die Gewürze nicht verbrennen. Sobald sie stark duften, Blech aus dem Ofen nehmen und die Kräuter und Gewürze auskühlen lassen.

- Die Gewürze fein mahlen.

- Rosengewürz luftdicht verschlossen in einem Einmachglas mit Schraubverschluss aufbewahren.

Verwendung
Diese nordindisch-pakistanische Gewürzmischung eignet sich für Currys, Salate, Suppen und Fladenbrote.

60 g Koriandersamen
40 g Kreuzkümmelsamen
20 g Anissamen
20 g Kardamomsamen
10 g ganze Gewürznelken
20 getrocknete Minzeblättchen, Seite 46
40 getrocknete Duftrosenblütenblätter, Seite 46
6 Safranfäden

rosenblütenpuder

- Rosenblütenblätter auf Kuchengittern dünn auslegen. An einem schattigen, warmen Ort trocknen lassen.

- Die getrockneten Duftrosenblütenblätter von Hand (zwischen den Fingerkuppen) fein verreiben, durch ein feines Sieb streichen oder in einer Mühle, z. B. in der Parmesanmühle, fein mahlen.

- Den Rosenpuder in einem Einmachglas mit Schraubverschluss luftdicht verschlossen aufbewahren.

Verwendung
Der Rosenpuder eignet sich zum dekorativen Bestreuen. Er kann auch mit Puderzucker vermischt werden.

Duftrosenblütenblätter, Seite 20

rosenblütenkonfitüre

- Rosenblütenblätter in feine Streifen schneiden.
- Rosenblüten, Zucker, Gelierzucker und Zitronensaft unter Rühren aufkochen, 3 bis 5 Minuten sprudelnd kochen.
- Die Konfitüre in vorgewärmteVorratsgläser füllen, verschließen.

100 g Duftrosen-blütenblätter, Seite 20
100 g Zucker
100 g Gelierzucker
2 Zitronen, Saft

rosenblütengelee

- Rosenblütenblätter mit dem Weißwein aufkochen, auf der ausgeschalteten Wärmequelle etwa 15 Minuten ziehen lassen, abgießen, die Flüssigkeit auffangen.
- Rosenwein und Gelierzucker aufkochen, unter ständigem Rühren rund 4 Minuten sprudelnd kochen. Das Rosenwasser zufügen.
- Das Rosengelee in vorgewärmte Vorratsgläser füllen und sofort verschließen.

100 g Duftrosenblütenblätter, Seite 20
½ l trockener Weißwein
500 g Gelierzucker
½ dl/50 ml Rosenwasser, Seite 38

rosenblütenblätter-beeren-konfitüre

- Zwei Drittel der Rosenblütenblätter mit dem Wasser aufkochen, auf der ausgeschalteten Wärmequelle zugedeckt 2 Minuten ziehen lassen, die Flüssigkeit abseihen und auffangen.

- Rosenflüssigkeit, Zitronensaft, Gelierzucker, restliche Blütenblätter und Beeren aufkochen, unter Rühren sprudelnd kochen, bis die Beeren zerfallen sind. Das Rosenwasser unterrühren.

- Die Rosenblütenblätter-Beeren-Konfitüre in vorgewärmte Vorratsgläser füllen und sofort verschließen.

100 g Duftrosenblütenblätter, Seite 20
3 dl/300 ml Wasser
2 Zitronen, Saft
500 g Gelierzucker
500 g Beeren: Himbeeren, Brombeeren, schwarze Johannisbeeren
½ dl/50 ml Rosenwasser, Seite 38

hagebuttenmark grundrezept

Hagebutten
Wasser

- Hagebutten waschen, Blütenansatz und Stiel entfernen. Früchte mit einem Messer aufschlitzen. Kerne und Härchen entfernen.
- Hagebutten mit wenig Wasser (2 dl/200 ml Wasser je 1 kg Früchte) aufkochen, bei schwacher Hitze weichgaren.
- Die Hagebutten samt Flüssigkeit durch das Passevite/die Flotte Lotte mit feiner Lochung drehen.

Variante

Hagebutten waschen, Blütenansatz und Stiel entfernen. Früchte mit wenig Wasser (siehe oben) weichgaren. Früchte durch das Passevite/die Flotte Lotte mit feiner Lochung drehen, durch ein Spitzsieb streichen, damit auch noch letzte Kernchen und Härchen aufgefangen werden.

Anmerkung

Für Hagebuttenmark nur einwandfreie, frische Früchte verwenden, die nach dem ersten Frost gepflückt worden sind. Die Herstellung von Hagebuttenmark ist sehr zeitaufwändig. Das Fertigprodukt ist auch im Reformhaus/Bioladen erhältlich.

hagebuttenmus

500 g Hagebuttenmark, Seite 52
½ TL Ingwerpulver
1 unbehandelte Zitrone, abgeriebene Schale und Saft
1 Prise Zimtpulver
⅓ Vanilleschote
flüssiger Honig oder Zucker nach Belieben

Hagebuttenmark, Ingwer, Zitronenschale, Zitronensaft und Zimt in einen Kochtopf geben. Vanilleschote längs aufschneiden, das Mark abstreifen und zufügen. Unter Rühren aufkochen, nach Belieben mit flüssigem Honig oder Zucker süßen.

Haltbarkeit
Hagebuttenmus im Kühlschrank aufbewahren und innerhalb einer Woche aufbrauchen. Es kann auch problemlos tiefgekühlt werden.

Verwendung
Zum Aromatisieren von Süßspeisen, als Brotaufstrich oder zum Süßen von Quark oder Schlagrahm.

hagebuttenkonfitüre

500 g Hagebuttenmark, Seite 52
150–250 g Zucker

- Das Hagebuttenmark mit dem Zucker aufkochen, unter ständigem Rühren 2 bis 3 Minuten sprudelnd kochen.
- Hagebuttenkonfitüre in vorgewärmte Gläser füllen, verschließen.

Verwendung
Zum Aromatisieren von Süßspeisen, als Brotaufstrich oder zum Süßen von Quark oder Schlagrahm.

1½ kg Hagebutten
1 l Wasser
1 kg Quitten
Gelierzucker (Verhältnis Früchte/Gelierzucker 2:1, d. h. auf 1 kg Mus kommen 500 g Gelierzucker)

- Hagebutten waschen, Blütenansatz und Stiel entfernen. Hagebutten mit einem Messer aufschlitzen, die Kerne und die Härchen entfernen.

- Die Hagebutten mit dem Wasser in einem großen Kochtopf aufkochen, bei schwacher Hitze zugedeckt weichkochen, in ein Sieb gießen, dabei den Kochsud auffangen und beiseite stellen. Hagebutten durch das Passevite/die Flotte Lotte mit feiner Lochung drehen, beiseite stellen.

- Die Quitten mit einem trockenen Tuch abreiben und sorgfältig waschen. Die Früchte schälen, vierteln und entkernen, klein schneiden. Die Quittenstücke in einem Viertel des Hagebuttensuds weichkochen, mit der Flüssigkeit fein pürieren.

- Quitten- und Hagebuttenmus mit dem Gelierzucker aufkochen, unter Rühren 3 bis 4 Minuten sprudelnd kochen, in vorgewärmte Einmachgläser füllen, verschließen.

hagenbutten -quitten-konfitüre

hagebuttenkompott

- Die Hagebutten waschen, Blütenansatz und Stiel entfernen. Hagebutten mit einem Messer aufschlitzen, die Kerne und die Härchen entfernen.

- Hagebutten, Zucker, Zimstange, Zitronenschale und Wasser aufkochen, die Früchte bei schwacher Hitze weichkochen.

- Hagebutten mit einem Schaumlöffel herausnehmen und in Einmachgläser füllen. Den Sud erhitzen, über die Früchte gießen; sie sollen mit der Flüssigkeit bedeckt sein. Gläser verschließen. Kühl lagern.

1 kg Hagebutten
200–400 g Rohrohrzucker
1 Zimtstange
2 unbehandelte Zitronen, abgeriebene Schale
1 l Wasser

süsssaure hagebutten

- Hagebutten waschen, Blütenansatz und Stiel entfernen. Hagebutten mit einem Messer aufschlitzen, die Kerne und die Härchen entfernen.
- Sämtliche Zutaten aufkochen, Hagebutten darin weich garen. Die Früchte mit einem Schaumlöffel aus dem Kochsud nehmen, in die Einmachgläser füllen.
- Den Sud sirupartig einkochen lassen, über die Früchte gießen. Die Gläser verschließen. Kühl lagern.

750 g Hagebutten
2½ dl/250 ml Rotweinessig
2½ dl/250 ml Wasser
500 g Rohrohrzucker
1 Zimtstange
2 Gewürznelken
½ unbehandelte Zitrone, abgeriebene Schale

hagebuttenwein

- Hagebutten waschen, Blütenansatz und Stiel entfernen. Hagebutten mit einem Messer aufschlitzen, Kerne und Härchen entfernen. Hagebutten in einem großen Steinguttopf stampfen.

- Wasser, Zucker und Vanilleschote erhitzen. Zitronenschale und -saft zufügen, heiß über die Hagebutten gießen. Topf mit einem sauberen Tuch zudecken. 20 Tage an einem warmen Ort gären lassen.

- Vergorene Hagebutten mit Flüssigkeit durch ein Baumwoll-/Mulltuch gießen, Früchte leicht ausdrücken. Hagebuttenwein in Flaschen mit Schraubverschluss oder mit Korken füllen, verschließen. Kühl lagern (Keller/Weinkeller).

Tipp
Im Handel gibt es auch Abtropfsäcke, welche auf eine Schüssel gestellt werden können.

**1,3 kg Hagebutten
(1 kg entkernte Früchte)
2½ l Wasser
500 g Zucker
1 Vanilleschote,
aufgeschnitten
1 unbehandelte Zitrone,
wenig abgeriebene
Schale und Saft**

hagebuttenlikör

- Hagebutten waschen, Blütenansatz und Stiel entfernen. Hagebutten mit einem Messer aufschlitzen. Die Kerne und die Härchen entfernen. Hagebutten in zwei große Einmachgläser füllen. Die Vanilleschote längs aufschneiden, das Mark abstreifen und darüber verteilen. Kornbranntwein und Wasser aufgießen, luftdicht verschließen und gut schütteln.

- Gläser an einem warmen, hellen (sonnigen) Ort stellen, 4 bis 6 Wochen ziehen lassen.

- Den Hagebuttenlikör filtrieren, d. h. durch ein Baumwoll-/Mulltuch oder durch einen Papier-Kaffeefilter gießen. Honig unter den Likör rühren, in Flaschen abfüllen. Mindestens 6 Monate reifen lassen.

Tipp
Die Hagebutten erst nach dem ersten Frost ernten, dann sind sie weicher und süßer.

500–600 g Hagebutten (400–500 g entkernte Früchte)
1 Vanilleschote
7 dl/700 ml Kornbranntwein, 80 %, oder
7 dl/700 ml Weingeist, 96 %
3 dl/300 ml Wasser
150 g Akazienblütenhonig

rezepte

rosenblütentee mit minze

- Rosenblüten- und Minzeblätter mit den Fingerkuppen grob verreiben, mischen, in einer Teedose aufbewahren.

- Für eine Tasse ½ Teelöffel der Mischung mit heißem Wasser übergießen, 2 bis 3 Minuten ziehen lassen, abseihen.

Tipp
Der Rosenblüten-Minze-Tee ist magenfreundlich und fördert die Verdauung und somit auch ideal nach einer üppigen Mahlzeit.

50 g getrocknete Duftrosenblütenblätter, Seite 46
100 g getrocknete Minzeblättchen

feiner rosenblütentee

- Die Rosenblütenblätter mit dem kochenden Wasser übergießen, 10 Minuten ziehen lassen. Abseihen.

2 Handvoll frische Duftrosenblütenblätter, Seite 20, oder
1 Handvoll getrocknete Duftrosenblütenblätter, Seite 46
1 l Wasser

rosenblütensekt

- In jede Vertiefung des Eiswürfelbehälters ein Rosenblütenblatt und einige Kelchblätter legen, zu einem Drittel mit Rosensirup oder Rosenwasser füllen. Mit Wasser, Weißwein oder Rosé aufgießen und tiefkühlen.

- Rosenblüteneiswürfel in hohe Gläser füllen, mit Weißwein oder Rosé auffüllen.

Duftrosenblütenblätter, Seite 20, und Blütenkelchblätter
Rosenblütensirup (süß), Seite 44, oder Rosenwasser (ungesüßt), Seite 38
Wasser, Weißwein oder Rosé

rosenbowle mit himbeeren

- Himbeergeist, Rosenblütenlikör, Rosenblütensirup und Weißwein in eine Glasbowle geben und gut verrühren. Die Himbeeren zufügen. Im Kühlschrank 1 bis 2 Stunden marinieren.

- Mineralwasser und Sekt zufügen. Die Bowle mit ganzen Rosenblüten oder mit Blütenblättern garnieren.

für 10 bis 12 Personen

1 Schuss Himbeergeist
1 Schuss Rosenblütenlikör, Seite 45, oder Cognac
2 dl/200 ml Rosenblütensirup, Seite 44
7 dl/700 ml trockener Weißwein oder Rosé, gut gekühlt
400 g Himbeeren
1 l kohlensäurehaltiges Mineralwasser, gut gekühlt
7 dl/700 ml trockener Rosésekt, gut gekühlt
ein paar Duftrosenblüten

rosenkir royal

für ca. 8 Gläser

1 dl/100 ml Rosenblütenlikör, Seite 45
7 dl/700 ml gut gekühlter trockener Champagner
Duftrosenblütenblätter

- Den Blattansatz der gezupften Rosenblütenblätter mit einer Nagelschere entfernen.
- Rosenblütenlikör auf 8 Champagnergläser verteilen. Mit gut gekühltem Champagner auffüllen, Gläser mit Rosenblütenblättern garnieren.

Tipp
Für einen einfachen Rosenkir den Champagner durch Weißwein ersetzen.

rosenlassi

für 2 Personen

200 g Naturjogurt
3 dl/300 ml Wasser
3 EL Rosenblütenkonfitüre, Seite 49
ca. 1 TL Rosenwasser, Seite 38
4 rosa Rosenblütenblätter

- Jogurt, Wasser, Rosenblütenkonfitüre und Rosenwasser mit dem Stabmixer oder im Mixerglas oder mit dem Schneebesen luftig aufschlagen.
- Rosenlassi in zwei hohe Gläser füllen, mit Rosenblütenblättern garnieren.

- Die beiden Käse gut miteinander verrühren, mit Kräutersalz, Pfeffer und frischen Kräutern würzen. Kleine Kugeln formen. In den Kühlschrank stellen.
- Kurz vor dem Servieren die Rosenblütenblätter abzupfen, den Blattansatz abschneiden, Blätter in sehr feine Streifen schneiden oder fein hacken. Frischkäsekugeln in den Streifchen wenden, leicht andrücken.

Dazu passen
Pumpernickel, Vollkornbrot, Baguette, Blattsalat.

250 g Kuhmilchfrischkäse
100 g Ziegenfrischkäse
wenig Kräutermeersalz
frisch gemahlener schwarzer Pfeffer
2–3 EL fein gehackte Kräuter, z. B. Kerbel, Estragon, Petersilie
3–4 Duftrosenblüten

rosige frischkäsekugeln

- Den Spinat und die Rosenblütenblätter kreisförmig auf Teller verteilen.

- Lachsscheiben zu vier Rosetten (Rosen) einrollen, in die Mitte der Teller setzen.

- Die Rosenvinaigrette zubereiten, über den Salat träufeln.

2 Handvoll junge Spinatblätter
2 Duftrosenblüten, abgezupfte Blütenblätter, Seite 20
200–300 g Räucherlachs, fein geschnitten

Rosenvinaigrette
1 TL weißer Balsamico
½ Limette, Saft
1 TL Senf
1 TL Rosenblütenwasser, Seite 38
feines Meersalz
frisch gemahlener schwarzer Pfeffer
4 EL kalt gepresstes neutrales Öl
1 Bund Schnittlauch, fein geschnitten

rosenblüten -spinat-salat mit lachsrosen

- Das Gemüse putzen (rüsten, bei Bedarf schälen), in etwa 2 mm dicke Scheiben schneiden (siehe Bild), im Dampf knackig garen.
- Für den Rosenblütenbalsam den Zucker in einer kleinen Pfanne hellbraun karamellisieren. Mit dem Balsamico und dem Rosenblütenessig ablöschen, den Karamell unter Rühren auflösen. Die Pfanne von der Wärmequelle nehmen, Zitronensaft, Rosenblütenwasser und Öl unterrühren, abschmecken.
- Das Gemüse dekorativ auf Tellern anrichten. Mit dem Rosenblütenbalsam beträufeln, mit Zitronenmelisse- und Rosenblütenblättern oder ganzen Rosenblüten garnieren.

800 g gemischtes Gemüse, z. B. Karotten, Zucchini, Blumenkohl, Kohlrabi, Patissons, Fenchel, Babymaiskolben, Stangensellerie, grüner Spargel, Frühlingszwiebeln

Rosenblütenbalsam

1 EL Zucker
3 EL weißer Balsamico
1 EL Rosenblütenessig, Seite 40
2 TL Zitronensaft
1–2 TL Rosenblütenwasser, Seite 38
6 EL kalt gepresstes neutrales Öl
feines Meersalz
frisch gemahlener schwarzer Pfeffer

2 Zweiglein Zitronenmelisse, Blättchen abgezupft
Duftrosenblütenblätter oder kleine Duftrosenblüten

buntes gemüse mit rosenblütenbalsam

blattsalat garniert

- Den Blattsalat nach Möglichkeit ganz lassen, Kopfsalat klein zupfen. Die Kräuter von den Stielen zupfen. Erdbeeren je nach Größe halbieren oder vierteln.

- Die Sauce zubereiten.

- Blattsalate, Kräuter, Rosenblütenblätter und Erdbeeren auf Tellern anrichten. Mit der Sauce beträufeln.

4 Handvoll Blattsalat, z. B. Kresse, junger Spinat, Rucola, Schnittsalat, Eichblattsalat, Kopfsalat
1 Handvoll Kräuter, z. B. glattblättrige Petersilie, Kerbel, Dill, Zitronenmelisse
1 Handvoll Duftrosenblütenblätter, Seite 20
100 g Erdbeeren oder Walderdbeeren

Sauce
3 EL Rosenblütenessig, Seite 40
1 TL Rosenblütenwasser, Seite 38
feines Meersalz
frisch gemahlener weißer Pfeffer
5 EL kalt gepresstes Traubenkernöl

rosenblütenbutter

200 g weiche Butter
20 g Duftrosenblütenblätter, Seite 20
1–2 Tropfen ätherisches Rosenblütennöl
feines Meersalz
Cayennepfeffer

- Die Butter mit dem Mixer oder Schneebesen luftig aufschlagen.
- Die Duftrosenblütenblätter fein hacken.
- Die gehackten Rosenblütenblätter und das Rosenblütenöl unter die Butter rühren, mit Salz und Cayennepfeffer würzen.
- Die Rosenblütenbutter in Förmchen füllen, glattstreichen und im Kühlschrank fest werden lassen. Oder die Rosenblütenbutter in einer Form glatt streichen, im Kühlschrank fest werden lassen und kleine Figuren ausstechen.

Variante
Rosenblütenbutter zusätzlich mit Kräutern, z. B. einem Esslöffel fein gehacktem Estragon oder Oregano anreichern. Zu Fisch, Pilzen usw. servieren.

Serviervorschlag
Die Butter auf Rosenblütenblättern anrichten oder mit Miniaturröschen garnieren.

Dazu passen
Rezenter Käse, z. B. Sbrinz oder Tête de Moine, Bündner Fleisch, Baguette, Walliser Brot, Roggenvollkornbrot, Butterzopf.

- Die Zwiebel fein hacken. Die Randen schälen und klein würfeln.
- Zwiebeln, Randen und Currypulver in der Butter andünsten, mit der Gemüsebrühe ablöschen, aufkochen, die Suppe bei schwacher Hitze köcheln lassen, bis die Randen weich sind. Fein pürieren.
- Die Rosenblütenblätter in Streifchen schneiden.
- Randensuppe aufkochen, je nach Konsistenz mit wenig Gemüsebrühe verdünnen. Mit Salz, Cayennepfeffer und Rosenblütenwasser abschmecken. Anrichten, mit der Crème fraîche und den Rosenblütenstreifchen garnieren.

2 EL Butter
1 mittelgroße Zwiebel
500 g rohe Randen/Rote Bete
1 TL Currypulver
8 dl/800 ml Gemüsebrühe
feines Meersalz
1 Prise Cayennepfeffer
1 TL Rosenblütenwasser, Seite 38
4 EL Crème fraîche
einige Duftrosenblütenblätter, Seite 20

rote cremesuppe

- Braune Linsen in reichlich Wasser weich garen, 25 bis 30 Minuten. In ein Sieb abgießen und mit kaltem Wasser abschrecken.

- Rote Linsen in reichlich Wasser weich garen, 10 bis 15 Minuten. Den Garprozess überwachen, damit die Linsen nicht zerfallen, in ein Sieb abgießen und mit kaltem Wasser abschrecken.

- Die Zwiebeln schälen und in feine Scheiben schneiden, in der Bratbutter goldbraun braten, auf Küchenpapier abtropfen lassen.

- Die Sauce zubereiten, mit den Linsen vermengen. 15 Minuten ziehen lassen.

- Linsensalat auf einem Rosenblütenbett anrichten, Zwiebeln darüber verteilen. Mit dem Koriander garnieren.

für 6 Personen

100 g braune Linsen
100 g rote Linsen
1 EL Bratbutter/ Butterschmalz
2 kleine Zwiebeln

Sauce
2 EL Rosenblütenessig, Seite 40
½ Zitrone, Saft
feines Meersalz
frisch gemahlener schwarzer Pfeffer
3 EL kalt gepresstes Baumnuss-/Walnussöl

2 Duftrosenblüten, in zwei verschiedenen Farben, Seite 20
Koriander oder glattblättrige Petersilie für die Garnitur

verliebte linsen

- Rosenblütenblätter und Basilikumblätter fein hacken. Die geschälte Knoblauchzehe dazupressen. Pinienkerne, Olivenöl, Rosenblütenwasser und geriebenen Pecorino unterrühren, mit Salz abschmecken.

- Pasta in einem großen Kochtopf in reichlich Salzwasser al dente kochen, abgießen. Sofort mit dem Rosenpesto vermengen und servieren.

300–400 g Nudeln

Rosenpesto

1 Handvoll Duftrosenblütenblätter, Seite 20
1 Handvoll Basilikumblätter
1 Knoblauchzehe
1 EL geriebene Pinienkerne
1 dl/100 ml Olivenöl extra nativ
2 TL Rosenblütenwasser, Seite 38
3 EL frisch geriebener Pecorino
½ TL feines Meersalz

pasta mit rosenpesto

- Für die Füllung die Zwiebel schälen und fein hacken. Das Grün des Fenchels fein schneiden. Grobfasrige Teile des Fenchels mit dem Sparschäler entfernen, Knolle vierteln und klein würfeln (Brunoise). Die Äpfel schälen, vierteln, entkernen und klein würfeln. Die Rosenblütenblätter der beiden Rosen fein hacken. Zwiebeln, Fenchel und Fenchelgrün in der Butter bei schwacher Hitze knackig dünsten. Äpfel, gehackte Blütenblätter und Kerbel untermischen, würzen. Abkühlen lassen.

- Seezungenfilets mit der hautlosen Seite nach unten zwischen zwei Klarsichtfolien flach klopfen, mit wenig Salz würzen. Fenchel-Apfel-Füllung auf die hautlose Seite auftragen. Filets vorsichtig einrollen. Mit Küchengarn nicht zu fest binden, da sich der Fisch beim Pochieren ausdehnt. Fischröllchen im Dämpfaufsatz über der Gemüsebrühe bei schwacher Hitze 12 bis 15 Minuten pochieren.

- Für die Sauce Zwiebeln in der Butter andünsten, mit dem Apfelsaft ablöschen, aufkochen, die Flüssigkeit auf die Hälfte einkochen lassen. Den Rahm unterrühren. So viel Mehlbutter in kleinen Portionen zugeben, bis die Sauce die richtige Konsistenz hat. Rosenblütenwasser und fein geschnittene Rosenblütenblätter unterrühren. Mit Salz und Cayennepfeffer würzen.

- Mit der Sauce auf vorgewärmten Tellern einen Spiegel gießen, die Fischröllchen darauf anrichten.

8 Seezungen- oder Rotzungenfilets, je 60 g
Meersalz
Gemüsebrühe zum Dampfgaren

Füllung

2 EL Butter
1 kleine Zwiebel
1 mittelgroßer Fenchel
2 kleine süße Äpfel
2 EL fein gehackter Kerbel
2 Duftrosenblüten, Seite 20
Meersalz, Pfeffer

Sauce

1 EL fein gehackte Zwiebeln
2½ dl/250 ml vergorener Apfelsaft
1 dl/100 ml Rahm/ Sahne
2 EL Mehlbutter (gleiche Menge Mehl und Butter verkneten)
2 TL Rosenblütenwasser, Seite 38
2 EL fein geschnittene Duftrosenblütenblätter, Seite 20
Salz
Cayennepfeffer

gefüllte fischröllchen

schweinefilet im rosenmantel

- Rosenblütenblätter grob hacken, mit dem Rosenöl pürieren. Petersilie, Rosengewürz, Salz und Zitronensaft unterrühren. Filet mit der Marinade einpinseln, im Kühlschrank 30 Minuten marinieren.

- Blätterteig etwas größer als das Filet ausrollen, damit genügend Teig zum Einschlagen übrig bleibt.

- Die Champignons grob hacken, in der Butter bei starker Hitze kurz dünsten. Abkühlen lassen.

- Den Backofen auf 200 °C vorheizen.

- Die Champignons auf das Teigblatt verteilen, genügend Rand frei lassen. Rosa Pfefferkörner darauf verteilen. Filet darauf legen. Schmalseiten über das Filet einschlagen, in Längsrichtung aufrollen. Das Teigende gut andrücken. Das Filet mit dem Teigende nach unten auf das Blech legen. Mit Eigelb bepinseln. Den Teig mit einer Gabel einige Male einstechen.

- Das Filet auf mittlerer Schiene in den vorgeheizten Ofen schieben, bei 200 °C rund 30 Minuten backen. Vor dem Portionieren im ausgeschalteten, leicht geöffneten Ofen etwa 10 Minuten ruhen lassen.

Marinade

1 Handvoll Duftrosenblütenblätter, Seite 20
3 EL Rosenblütenöl, Seite 41, oder
3 EL Sonnenblumenöl
2 EL fein gehackte glattblättrige Petersilie
1 TL indisches Rosengewürz, Seite 47
½ TL feines Meersalz
1 TL Zitronensaft

500 g Schweinefilet, Bioqualität
ca. 150 g gut gekühlter Blätterteig
1 TL Butter
200 g Champignons
2 EL eingelegte rosa Pfefferkörner
1 Eigelb

orientalischer rosen-duftreis

- Kokosmilch, Gemüsebrühe, Gewürznelke, Lorbeerblatt und Reis aufkochen, auf der ausgeschalteten Wärmequelle zugedeckt 20 Minuten quellen lassen.

- Den Reis mit einer Gabel gut lockern, mit Salz, Muskatnuss und Rosenwasser abschmecken. Die Rosenblütenblätter unterrühren.

Variante
Kokosnuss- durch Mandelmilch ersetzen.

Tipp
Passt zu Gemüse, Fleisch und Fisch.

Beilage
2 dl/200 ml Kokosnussmilch
3 dl/300 ml Gemüsebrühe
1 Gewürznelke
1 Lorbeerblatt
250 g Langkornreis
feines Meersalz
1 Prise Muskatnuss
1–2 TL Rosenblütenwasser, Seite 38
2 EL getrocknete Duftrosenblütenblätter, zerrieben, Seite 46

- Die Zutaten für die Marinade gut verrühren.

- Poulets innen und außen mit Salz und Pfeffer würzen, innen und außen mit der Marinade einpinseln. Je eine Duftrosenblüte in den Bauch legen. 1 bis 2 Stunden marinieren.

- Den Backofen auf 180 °C vorheizen.

- Die Poulets in einen Bräter oder in ein tiefes Backblech legen. Die Marinade darübergießen. Etwa 1 Stunde bei 180 °C braten, ab und zu wenden und mit der Marinade begießen.

- Poulets auf einem Bett aus Duftrosenblütenblättern anrichten.

2 kleine Poulets/ Hähnchen
feines Meersalz
frisch gemahlener schwarzer Pfeffer
2 Duftrosenblüten

Marinade
3 EL Rosenblütenhonig, Seite 42
1 EL Sojasauce
1 TL grobkörniger Senf
4 EL Olivenöl extra nativ
1 EL fein gehackte getrocknete Duftrosenblütenblätter, Seite 46
1 TL Rosenpaprikapulver
1 EL fein gehackte Rosmarinnadeln

Duftrosenblütenblätter für die Garnitur

coq à la rose

- Den Backofen auf 140 °C vorheizen.
- Die Lammrückenfilets mit Salz und Pfeffer würzen. In der Bratbutter rundum kräftig anbraten. Das Fleisch auf ein Blech oder in einen Bräter legen, im Ofen bei 140 °C 15 Minuten weiterbraten. Warm stellen.
- Das Fett in der Bratpfanne mit Haushaltpapier auftupfen. Den Bratsatz mit dem Hagebuttenlikör auflösen. Kalbsfond zufügen, auf ein Drittel einkochen lassen. Hagebuttenmark, Orangensaft und Balsamico zugeben, kurz köcheln lassen, mit Salz und Pfeffer abschmecken. Kalte Butterstückchen unterrühren.
- Mit der Hagebuttensauce auf vorgewärmten Tellern einen Spiegel gießen, die Lammfilets portionieren, anrichten. Mit Hagebutten garnieren.

Tipp
Mit Gnocchi, Kartoffelpüree, Reis oder Nudeln servieren.

2 EL Bratbutter/ Butterschmalz
2 Lammrückenfilets, insgesamt 600 g
feines Meersalz
frisch gemahlener schwarzer Pfeffer

Hagebuttensauce
3 EL Hagebuttenlikör, Seite 59
3 dl/300 ml Kalbsfond
3 EL Hagebuttenmark, Seite 52
1 Orange, Saft
2 EL Balsamico
Meersalz
frisch gemahlener Pfeffer
30 g kalte Butterstückchen

einige Hagebutten für die Garnitur

lamm mit hagebuttensauce

Kalbsfilet mit Rosen-Bulgur

- Den Backofen auf 80 °C vorheizen.

- Kalbsmedaillons mit Salz und Pfeffer würzen, mit dem Olivenöl einpinseln. Medaillons in einer heißen Grillbratpfanne oder in einer Bratpfanne auf jeder Seite etwa 1 Minute anbraten. Auf eine feuerfeste Platte legen und im vorgeheizten Ofen bei 80 °C etwa 20 Minuten garziehen lassen.

- Zwiebel schälen, fein würfeln, in der Butter andünsten, Gemüsebrühe und Kokosmilch aufgießen, aufkochen. Bulgur, Senfkörner, Zimt und Cayennepfeffer zufügen, bei schwacher Hitze etwa 15 Minuten quellen lassen, bis die Flüssigkeit fast aufgenommen ist. Bulgur mit dem Randensaft färben. Rosenblütenwasser unterrühren, nach Belieben mit Salz abschmecken.

- Die Mini-Maiskolben längs halbieren, im Olivenöl unter Wenden rund 5 Minuten braten. Mit Salz und Pfeffer würzen.

- Rosen-Bulgur auf vorgewärmten Tellern anrichten, Kalbsfiletmedaillons darauflegen, mit Mini-Maiskolben und Rosenblütenblättern garnieren.

8 Kalbsfiletmedaillons, je 70 g
Meersalz
frisch gemahlener Pfeffer
1 EL Olivenöl extra nativ

Rosen-Bulgur
2 EL Butter
1 mittelgroße rote Zwiebel
½ l Gemüsebrühe
3 dl/300 ml Kokosnussmilch
200 g Bulgur
1 TL schwarze Senfkörner
2 Msp Zimtpulver
2 Msp Cayennepfeffer
4 EL Randen-/Rote-Bete-Saft
2 EL Rosenblütenwasser, Seite 38

1 EL Olivenöl extra nativ
250 g Mini-Maiskolben aus dem Glas

einige Duftrosenblütenblätter

entenbrust auf rosen-nudeln

- Den Backofen auf 80 °C vorheizen.

- Die Haut der Entenbrüste mit einem scharfen Messer rautenförmig einschneiden, ohne in das Fleisch zu schneiden. Mit dem 5-Gewürze-Pulver einreiben und mit Salz und Pfeffer würzen. Entenbrüste mit der Hautseite unten in eine kalte, nicht klebende (beschichtete) Bratpfanne legen. Bei mittlerer Hitze so lange braten, bis die Haut braun ist. Wenden. Die Fleischseite ebenfalls braun braten. Herausnehmen und auf eine feuerfeste Platte legen. Hoisin-Sauce mit dem Rosenblütenwasser verrühren, die Entenbrüste damit einpinseln, in den auf 80 °C vorgeheizten Ofen schieben, etwa 40 Minuten garziehen lassen.

- Das Fett in der Bratpfanne mit Haushaltpapier auftupfen. Die Gemüsebrühe zugeben, den Bratsatz auflösen, beiseite stellen.

- Den Blumenkohl in etwa 2 mm dünne Scheiben schneiden. Im Randensaft knackig garen.

- Die Nudeln in reichlich kochendem Salzwasser al dente kochen, abgießen, mit kaltem Wasser abschrecken. Nudeln kurz vor dem Servieren unter Zugabe der Butter in der Gemüsebrühe erhitzen, mit Salz, Pfeffer, 5-Gewürze-Pulver sowie Rosenblütenwasser abschmecken.

- Nudeln samt Sauce in vorgewärmten, tiefen Tellern anrichten. Entenbrüste in dünne Scheiben schneiden, mit dem Blumenkohl auf den Nudeln anrichten.

2 Entenbrüste, insgesamt 750 g
1 TL chinesisches 5-Gewürze-Pulver
½ TL Meersalz
frisch gemahlener Pfeffer
1 EL Hoisin-Sauce
2 TL Rosenblütenwasser, Seite 38
2 dl/200 ml Gemüsebrühe

300 g Blumenkohl
1 dl/100 ml Randen-/Rote-Bete-Saft

Chinesische Rosen-Nudeln
250 g chinesische Nudeln
4 EL Butter
1 TL chinesisches 5-Gewürze-Pulver
2 EL Rosenblütenwasser, Seite 38

- Weiße Schokolade in Stücke brechen, mit dem Rosenwasser in eine kleine Schüssel geben, über dem Wasserbad schmelzen, Eigelb unterrühren, leicht auskühlen lassen.
- Die weiche Butter luftig aufschlagen, unter die abgekühlte Schokoladenmasse rühren. Die Masse kühl stellen, bis sie formbar ist.
- Aus der Schokomasse kleine Kugeln formen, nach Belieben mit Kardamom- und Zimtpulver sparsam bestreuen und bis zum Servieren in den Kühlschrank stellen.
- Die Rosenblütenblätter in feine Streifen schneiden. Die Truffes kurz vor dem Servieren in den Rosenblütenstreifen wenden.

Haltbarkeit
Innerhalb von 2 Tagen konsumieren.

100 g weiße Schokolade
2 TL Rosenblütenwasser, Seite 38
1 Eigelb von einem Freilandei
80 g weiche Butter
je 1 Prise Kardamom- und Zimtpulver nach Belieben
2 verschieden farbige Duftrosenblüten, Seite 20

rosen-truffes

- Den Boden der Springform mit Backpapier belegen. Den Rand mit Butter einfetten. Den Backofen auf 180 °C vorheizen.

- Für den Biskuitteig Eier mit dem Handrührgerät auf höchster Stufe etwa 5 Minuten luftig aufschlagen, das warme Wasser zufügen und 3 Minuten weiterschlagen. Zucker und Vanillemark unterrühren, 7–8 Minuten auf höchster Stufe weiterschlagen. Mehl, Maisstärke und Backpulver mischen, unter die Eiermasse heben. Den Teig in die Springform füllen. Form in der Mitte in den Ofen schieben. Das Biskuit bei 180 °C 35 Minuten backen. Den Ofen ausschalten, Biskuit darin 5 Minuten ruhen lassen. Aus der Form nehmen, auf einem Kuchengitter auskühlen lassen.

- Für die Füllung die Erdbeeren in feine Scheiben schneiden, mit dem Rosenlikör beträufeln, 20 Minuten marinieren.

- Rahm steif schlagen, Rahmhalter, Zucker, Duftrosenblütenblätter, Vanillemark und Zitronenschale unterrühren.

- Das Biskuit zweimal horizontal durchschneiden. Einen Biskuitboden mit der Hälfte des Schlagrahms bestreichen und mit der Hälfte der Erdbeeren bedecken. Den zweiten Biskuitboden darauflegen, ebenso verfahren. Den Biskuitdeckel darauflegen, vorsichtig andrücken.

- Für die Glasur Puderzucker und Kondensmilch etwa 3 Minuten kräftig aufschlagen. Die Oberfläche und den Rand der Torte damit bestreichen. Mit den gezuckerten Rosenblüten und nach Belieben mit gehackten Pistazien garnieren.

für eine Springform von 26 cm Durchmesser

Biskuit
3 Freilandeier
4 EL warmes Wasser
150 g Zucker
½ Vanilleschote, Mark
100 g Weißmehl/ Mehl Type 405
100 g Maisstärke
2 gehäufte TL Backpulver

Füllung
500 g Erdbeeren
2 EL Rosenblütenlikör, S. 45
½ l Halbrahm/Sahne
1 Briefchen Rahmhalter/ Sahnesteif
50 g Zucker
2 EL fein gehackte Duftrosenblütenblätter, Seite 20
½ Vanilleschote, Mark
wenig Zitronenschale

Glasur
160 g Puderzucker
4 EL ungezuckerte Kondensmilch
2 gezuckerte Rosenblüten, Seite 42

rosentorte

- Für den Vorteig Halbrahm, Trockenhefe, Zucker, Rosenblütenwasser und Randensaft verrühren. Das Mehl und das Salz in einer Schüssel mischen, eine Vertiefung formen, die Rahmflüssigkeit hineingießen, etwa 2 Esslöffel Mehl unterrühren. Die Schüssel mit einem feuchten Tuch bedecken, den Vorteig an einem warmen Ort rund 20 Minuten gehen lassen. Mehl nach und nach unter den Vorteig arbeiten, zu einem glatten, geschmeidigen Teig kneten. Die Schüssel mit einem feuchten Tuch bedecken, den Teig an einem warmen Ort auf das doppelte Volumen aufgehen lassen. Den Teig nochmals leicht kneten, mit etwas Mehl bestäuben, in 4 gleich große Stücke teilen, jedes Teigstück zu einer fingerdicken Rolle formen, mit einem Teigholz zu dünnen, 5 cm breiten Streifen ausrollen. Die Streifen mit Marzipanscheiben belegen, aufrollen und dabei die oberen Kanten blütenförmig nach außen ziehen. Teigende mit wenig Wasser bepinseln, gut andrücken.

- Den Backofen auf 160 °C vorheizen.

- Die Heferosen auf ein mit Backpapier belegtes Blech legen, rund 15 Minuten gehen lassen. Das Blech in der Mitte in den Ofen schieben, die Heferosen bei 160 °C rund 40 Minuten backen. Wenn die Heferosen leicht braun werden, mit Alufolie abdecken. Herausnehmen, auf einem Kuchengitter etwas abkühlen lassen.

- Für die Mohnsauce Milch, Marzipan, Zucker und Rosenblütenwasser aufkochen, fein pürieren. Mohnsamen einstreuen. Die mit wenig kaltem Wasser angerührte Maisstärke unterrühren, aufkochen, 2 Minuten köcheln lassen.

- Mit der Mohnsauce auf vorgewärmten Tellern einen Spiegel gießen, Heferosen darauf setzen. Am besten lauwarm servieren.

Teig
für 4 Heferosen

1 dl/100 ml Halbrahm/ Sahne, lauwarm
1½ TL Trockenhefe
3 EL Zucker
1 EL Rosenblütenwasser, Seite 38
2 EL Randen-/ Rote-Bete-Saft
200 g Weißmehl/ Mehl Type 405
1 Prise Meersalz
80 g Marzipan, in feinen Scheiben

Mohnsauce

3 dl/300 ml Milch
60 g Marzipan, grob geschnitten
2 TL Zucker
2 TL Rosenblütenwasser, Seite 38
20 g Mohnsamen
2 TL Maisstärke

süsse heferosen

- Den Backofen auf 180 °C vorheizen.
- Mehl, Backpulver, Zucker, Salz und Mandeln mischen.
- Milch, Rosenblütenkonfitüre, Ei, flüssige Butter und Rosenblütenlikör verrühren, zum Mehl geben, alles zu einem glatten Teig rühren.
- Für eine schöne Muffinform 3 Papierförmchen ineinanderstecken, bis auf drei Viertel Höhe mit dem Teig füllen. Die Muffins in der Mitte in den vorgeheizten Ofen schieben, bei 180 °C 25 bis 30 Minuten backen.

Tipp

Am besten schmecken die Muffins lauwarm.

für 8 Muffins

200 g Halbweißmehl/ Mehl Type 1050
2½ TL Backpulver
2 EL feiner Vollrohrzucker
1 Prise feines Meersalz
40 g geriebene Mandeln
1½ dl/150 ml Milch
60 g Rosenblütenkonfitüre, Seite 49, oder
60 g Hagebuttenkonfitüre, Seite 53
1 Freilandei
30 g zimmerwarme, flüssige Butter
1–2 EL Rosenblütenlikör, Seite 45, oder Rosenblütensirup, Seite 44

24 Papierförmchen

rosenmuffins

- Das Eiweiß zu Schnee schlagen, den Puderzucker und die Maisstärke unter ständigem Schlagen zufügen. Weiterschlagen, bis die Masse sehr fest ist. Mit dem Randensaft rosa färben.

- Mit einem Esslöffel kleine, flache Rondellen auf ein mit Backpapier belegtes Blech setzen. Die restliche Eiweißmasse in einen Spritzbeutel mit großer Sterntülle (ca. 15 mm Durchmesser) füllen, dekorative Spitzen auf den Rand der Rondellen spritzen.

- Meringues in der Mitte im vorgeheizten Ofen bei 120 °C 1 Stunde bei leicht geöffneter Ofentür trocknen. Auskühlen lassen.

- Den Rahm steif schlagen, Hagebuttenmark und Zucker unterrühren. In den Eischnee-Spritzbeutel füllen, die Meringues füllen.

Meringuemasse

3 Eiweiß von Freilandeiern
250 g Puderzucker
1 EL Maisstärke oder Mehl
1 TL Randen-/ Rote-Bete-Saft

Hagebuttenrahm/-sahne

2½ dl/250 ml Rahm/Sahne
2–3 EL Hagebuttenmark, Seite 52
2–3 EL Zucker

meringues

für 4 Förmchen von
etwa 1 dl/100 ml Inhalt

1 dl/100 ml Milch
2 EL Zucker
1 TL Maisstärke
1 grüne Kardamomkapsel (Samen davon)
2 EL Hagebuttenkonfitüre, Seite 53
1 TL Randen-/Rote-Bete-Saft
1 Eiweiß von einem Freilandei
2 dl/200 ml Rahm/Sahne
1 EL fein gehackte Pistazien
1 TL Rosenblütenwasser, Seite 38

ca. 4 Duftrosenblütenblätter, in feinen Streifen, Seite 20
1 EL fein gehackte Pistazien nach Belieben

- Milch, Zucker und Maisstärke in einer Pfanne glattrühren, Kardamomsamen beifügen. Milch unter Rühren erhitzen, von der Wärmequelle nehmen, etwa 10 Minuten ziehen lassen. Hagebuttenkonfitüre und Randensaft unterrühren, durch ein feines Sieb in eine Schüssel passieren, auskühlen lassen.

- Eiweiß zu Schnee, Rahm steif schlagen. Eischnee, Schlagrahm, Pistazien und Rosenwasser vorsichtig unter die Milchmasse ziehen.

- Die Masse in die Förmchen füllen, mindestens 3 Stunden in den Tiefkühler stellen.

- Förmchen vor dem Stürzen kurz in heißes Wasser tauchen. Das Rosen-Halbgefrorene nach Belieben mit den fein gehackten Pistazien und den fein geschnittenen Rosenblütenblättern garnieren.

rosen-halbgefrorenes

- Die Schalen der Litschis von Hand oder mit einem Messer aufbrechen, die Frucht herauslösen und den Kern entfernen. Pitahayas schälen und in Scheiben schneiden. Granatäpfel mit einem Messer einritzen, die Frucht mit den Händen aufbrechen, Samen herausdrücken oder mit einem Teelöffel herauslösen, die weißen Häutchen entfernen. Bananen schälen, dritteln und längs halbieren.

- Für die Zabaione sämtliche Zutaten in einer Schüssel über dem heißen Wasserbad luftig aufschlagen. Vorsicht: Die Zabaione darf nicht zu heiß werden, sonst gerinnen die Eier.

- Die Früchte gefällig anrichten, mit der Zabaione und den Rosenblütenblättern garnieren, sofort servieren.

Exotische Früchte nach Wahl, z. B.
200 g Litschis
2 Pitahayas
2 Granatäpfel
2 reife Bananen
2 Handvoll Physalis

einige Duftrosenblütenblätter

Zabaione
8 EL Rosenblütenlikör, Seite 45
8 EL trockener Weißwein
2 Freilandeier
2 Eigelbe von Freilandeiern
2 EL Akazienhonig

rosenzabaione

rosenquark mit kirschen

400 g erntefrische, entsteinte Kirschen
1 dl/100 ml Rosenblütensirup, Seite 44
500 g Vollmilchquark oder Rahm-/Sahnequark
6 EL Crème double/ Doppelrahm
2 EL Zucker
1 Vanilleschote, abgestreiftes Mark
4 EL Rosenblütenlikör, Seite 45
1 Duftrosenblüte, Seite 20

- Die Kirschen mit dem Rosenblütensirup mischen, auf Dessertschalen verteilen.
- Quark, Crème double, Zucker, Vanillemark und Rosenblütenlikör verrühren, über die Kirschen verteilen.
- Die Rosenblütenblätter in feine Streifen schneiden, über das Dessert streuen.

Tipp
Frische Kirschen durch eingemachte Sauerkirschen aus dem Glas ersetzen.

wildrosen-blütensorbet

2½ dl/250 ml trockener Weißwein
1 dl/100 ml Wasser
1 Zitrone, Saft
50 g Zucker
50 g Traubenzucker
40 g duftende Wildrosenblütenblätter, Seite 20
einige Wildrosenblüten

- Wein, Wasser, Zitronensaft, Zucker und Traubenzucker gut verrühren.
- Die Rosenblütenblätter zum Weinsirup geben. Zugedeckt einen Tag stehen lassen.
- Weinsirup durch ein feines Tuch abseihen. In eine geeignete Schale füllen und im Tiefkühler fest werden lassen. Häufig mit einer Gabel rühren, damit sich keine zu großen Eiskristalle bilden.
- Das Wildrosen-Blütensorbet rund 10 Minuten vor dem Servieren in den Kühlschrank stellen.

Anrichten
Mit Wildrosenblüten garnieren und sofort servieren.

- Milch, Halbrahm, Safran und Kardamompulver aufkochen. Basmatireis zufügen, unter Rühren aufkochen, bei schwacher Hitze rund 30 Minuten garen, häufig rühren.
- Den Milchreis nach Belieben süßen und mit dem Rosenwasser abschmecken, abkühlen lassen.
- Einen Teil der Rosenblütenblätter in feine Streifen schneiden und unter den Reis rühren.
- Den Safran-Milchreis auf den Rosenblütenblättern anrichten.

für 6 Personen

3 dl/300 ml Milch
2 dl/200 ml Halbrahm/Sahne
einige Safranfäden
1 TL Kardamompulver
200 g Basmatireis
Zucker
3 TL Rosenblütenwasser, Seite 38

1 Handvoll Duftrosenblütenblätter, Seite 20

safran-milchreis

- Die gemischten Beeren in vorgekühlte Suppenteller oder Glasschalen verteilen.
- Die Rosenblütenblätter fein hacken.
- Den Weißwein mit dem Rosenblütensirup aromatisieren, gehackte Rosenblütenblätter unterrühren, über die Beeren gießen. Mit den gezuckerten Duftrosenblüten garnieren.

500 g Beeren, z. B. Erdbeeren, Johannisbeeren, Himbeeren, Brombeeren, Heidelbeeren
4 gezuckerte Duftrosenblüten, Seite 42

Rosen-Weinsauce
1 kleine Duftrosenblüte, Seite 20
4 dl/400 ml trockener Weißwein, gut gekühlt
4 EL Rosenblütensirup, Seite 44

aphrodites dessert

kosmetik

rosenduftbad

für ein Vollbad

3–5 Tropfen ätherisches Rosenblütenöl
3–4 EL Rahm/Sahne oder flüssiger Honig oder Molke oder Mandelöl oder Jojobaöl oder Avocadoöl (Emulgator)
nach Belieben frische Rosenblüten für das Auge

- Das Rosenblütenöl mit dem natürlichen, fettlöslichen Emulgator (Rahm, Honig usw.) gut verrühren.

- Warmes Wasser in die Badewanne einfließen lassen. Es sollte nicht zu heiß sein, damit der Rosenduft nicht vorzeitig verdunstet. Die Rosenölmischung beifügen. Nach Belieben ganze frische Rosenblüten oder einzelne Blätter auf das Badewasser streuen.

Anwendung und Tipp

- Ein wohltuendes, entspannendes und zugleich belebendes Vollbad für Körper, Seele und Geist.

- Rosenblütenöl lässt sich gut mit anderen hautverträglichen ätherischen Ölen kombinieren, z. B. Jasmin, Geranium, Lavendel, Sandelholz.

gesichtsdampfbad

2 l Wasser
1 Tropfen ätherisches Rosenblütenöl

- Das Wasser aufkochen und in eine Schüssel geben, das Rosenöl zufügen.
- Den Kopf über die Schüssel neigen und mit einem Frottétuch zudecken. 10 Minuten einwirken lassen.

Anwendung

Für trockene Haut, einmal wöchentlich. Reinigt zusätzlich.

rosenbadesalz

für ein Vollbad

500 g grobes Mineral-Badesalz aus dem Toten Meer, z. B. Tomesol-Badesalz
20 Tropfen kirschrote Lebensmittelfarbe oder Randen-/Rote-Bete-Saft, nach Belieben
4 Tropfen ätherisches Rosenblütenöl
8 getrocknete, zerriebene Duftrosenblüten, Seite 46

- Badesalz, Farbstoff, Rosenblütenöl und Rosenblüten mischen und in das warme Badewasser geben.

Anwendung und Tipps

- Für ein Vollbad die ganze Menge Salz in körperwarmem Wasser auflösen, für Teilbäder entsprechend weniger.
- Mineralsalz aus dem Toten Meer fördert die Blutzirkulation der Haut, öffnet die Poren und unterstützt die Ausscheidung von Schadstoffen über die Haut. Regelmäßige Meersalzbäder helfen zudem bei Gliederschmerzen, Cellulite und Stress. Die Badezeit sollte zu Beginn nur 10 Minuten betragen, sie kann langsam auf 20 Minuten gesteigert werden. Nach dem warmen Bad eine kalte Dusche nehmen und 1 Stunde ruhen.
- Das Rosenbadesalz ist ein hübsches Geschenk. Man kann es auf Vorrat mischen und in einem gut schließenden Gefäß aufbewahren. Der Farbstoff ist keinesfalls zwingend, er ist nur für den optischen Effekt.

natürliche blütenduftschale

- Die Blüten einzeln auf Küchenpapier, am besten auf einem großen Korbtablett, zum Trocknen ausbreiten.
- Die getrockneten Blüten in ein Glas mit Schraubverschluss, z. B. in ein Vorratsglas, füllen, das Veilchenwurzelmehl darüberstreuen, das Rosenblütenöl darüberträufeln, gut schütteln. Das Glas verschließen, 2 Wochen ziehen lassen.
- Den Glasinhalt in eine Duftschale füllen. Nach Belieben zusätzliche getrocknete Blüten und Gewürze dazugeben.

Tipp
Das Potpourri eignet sich auch zum Füllen von Duftsäckchen, die man z. B. in einen Kleiderschrank legen kann.

für ein Glas von 1 l Inhalt

2 Handvoll Blüten nach Herzenslust sammeln, z. B. Duftrosenblüten, Lavendelblüten, Frauenmantelblüten, Salbeiblüten, Ysopblüten und ein paar Rosenblätter
1 TL Veilchenwurzelmehl
2 Tropfen ätherisches Rosenblütennöl

pflegeöl

bei schwangerschaftsstreifen

- Alle Öle in ein dunkles Glasfläschchen füllen, gut schütteln.

Anwendung
Durch das regelmäßige Einmassieren reduzieren sich die Schwangerschaftsstreifen.

50 ml Wildrosenöl
50 ml Weizenkeimöl
5 Tropfen ätherisches Rosenblütenöl
5 Tropfen ätherisches Myrrheöl
5 Tropfen ätherisches Lavendelöl

babyöl

- Die beiden Öle in ein dunkles Glasfläschchen füllen, kräftig schütteln.

Anwendung
Für die tägliche Hautpflege und für Massagen.

100 ml Mandelöl
(bei trockener Haut Weizenkeimöl)
3 Tropfen ätherisches Rosenblütenöl

wildrosenöl

- Öle in ein dunkles Glasfläschchen füllen, gut schütteln.

Anwendung
Nach dem Bad das Öl in die Haut einmassieren. Einige Minuten einziehen lassen, erst dann ankleiden. Das Öl verhindert ein Austrocknen der Haut.

40 ml Wildrosenöl
40 ml Nachtkerzenöl
20 ml Rosmarinöl

rosenöl

- Trägeröl und Rosenblütenöl in ein dunkles Glasfläschchen füllen, gut schütteln.

Anwendung
Ideal für die Gesichts- und Körperpflege und für Massagen.
Das Rosenöl ist ein wunderbarer Feuchtigkeits- und Elastizitätsspender für die reife und trockene Haut.

100 ml Trägeröl,
z. B. Avocado-, Mandel-, Weizenkeim- oder Jojobaöl
6–10 Tropfen ätherisches Rosenblütenöl

rosenhandcreme

- Den Honig mit dem Glyzerin verrühren. Das Mandel- und Rosenöl unterrühren.
- Das Stärkemehl mit dem Rosenwasser glattrühren.
- Beide Mixturen miteinander gut verrühren. Die Handcreme in einem gut schließenden dunklen Cremetöpfchen aufbewahren.

Anwendung
Abends spröde, rissige und trockene Hände mit der Creme einmassieren. Bei mehrmaliger Anwendung werden die Hände wieder verjüngt, glatt, weich und zart. Die beste Wirkung wird erzielt, wenn man nachts Kosmetikhandschuhe trägt.

1 TL flüssiger Honig
25 g Glyzerin
2 TL süßes Mandelöl
2 Tropfen ätherisches Rosenblütennöl
1 TL Stärkemehl (Maismehl, Kartoffelmehl)
3 EL Rosenwasser, Seite 38

rosen-kompressen

- Die beiden Stofflagen aufeinander legen und mit dem Bleistift Quadrate von 6 cm Länge anzeichnen. Ausschneiden.
- Auf die Hälfte der Stoffquadrate einen Teelöffel zerriebene Rosenblütenblätter geben, ein zweites Quadrat darauflegen, die Quadrate zusammennähen.

Anwendung
Die Kompressen in lauwarmes Wasser tauchen, flach drücken und einige Minuten auf die geschlossenen Augenlider oder die Haut legen.

für 16 Kompressen

2 Lagen Gaze/Musselin, 24 cm x 24 cm
100 g getrocknete, zerriebene Rosenblütenblätter, Seite 46

rosenwasser-kompressen

- Schneller und auch praktischer als Stoffkompressen sind Watterondellen, die man in kosmetisches Rosenwasser eintaucht. Sie dienen zur Reinigung und Erfrischung der Haut. Kosmetisches Rosenwasser kann wie Rosenwasser für die Küche hergestellt werden, Seite 38. Zusätzlich wird reiner Alkohol im Verhältnis 1:10 (10 Teile Rosenwasser und 1 Teil Alkohol) benötigt. Rosenwasser kann man auch in der Apotheke kaufen.

- Hier noch eine sehr einfache Rezeptur für Rosenwasser: 100 ml destilliertes Wasser und 5 Tropfen ätherisches Rosenblütenöl in ein dunkles Fläschchen füllen, gut schütteln.

stichwortverzeichnis